AHNEN MAGIE

AHNEN MAGIE

Finde heraus, wer du wirklich bist,
und nutze die Kräfte deiner Vorfahren

Kirsten Riddle

1. Auflage 2024

An imprint of Ryland Peters & Small Ltd
20–21 Jockey's Fields 341 E 116th St
London WC1R 4BW New York, NY 10029
www.rylandpeters.com

Titel der Originalausgabe: Ancestral Magic

Editor: Caroline West
Illustrator: Gina Rosas Moncada
Commissioning editor: Kristine Pidkameny
Senior designer: Emily Breen
Art director: Sally Powell
Creative director: Leslie Harrington
Production manager: Gordana Simakovic
Publishing manager: Penny Craig
Publisher: Cindy Richards

Übersetzung: Manuela Kießl
Produktmanagement: Eva Schrecklinger, Carolin Langer
Umschlaggestaltung: Eva Hook
Herstellung: Heike Köhl
Satz: FSM Premedia, Münster

MIX
Paper | Supporting responsible forestry
FSC® C008047

Penguin Random House Verlagsgruppe FSC® N001967

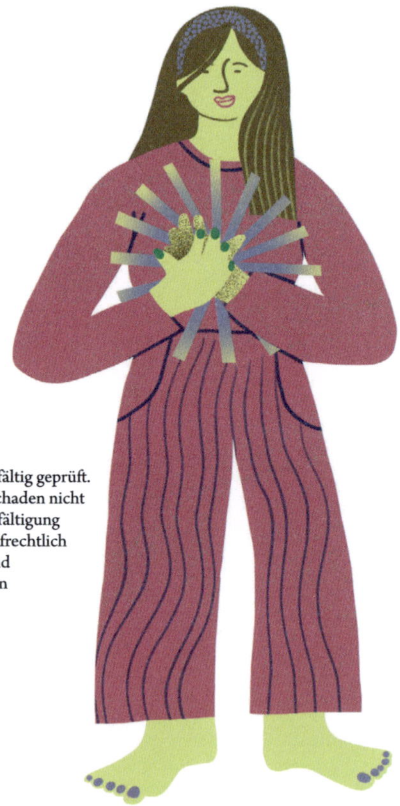

1. Auflage 2024
ISBN 978-3-7358-5280-9 • Best.-Nr. 25280

INHALT

EINLEITUNG

Ahnenmagie ist allgegenwärtig. Sie umgibt dich immerzu und jeden Tag, denn sie ist untrennbar mit dir verbunden, unabhängig von deinem Alter, Hintergrund oder Charakter. Auch wenn du nicht an mystische Dinge glaubst, kannst du trotzdem erkennen, wenn Ahnenmagie am Werk ist. Sie wirkt sich aus auf die Art, wie du dich bewegst und sprichst, auftrittst und mit anderen Menschen umgehst. Sie steckt in den Geschichten, die du dir selbst und anderen erzählst. In deinen Lebensgewohnheiten. In den kleinen Dingen, die du, ohne groß zu überlegen, einfach tust, etwa wie du lachst oder wenn du in Situationen Mitgefühl zeigst, in denen andere einfach weitergehen. Oder in den Ritualen, die dir und deiner Familie besonders wichtig sind und die ihr zur Feier des Augenblicks bei euren Treffen vollzieht, oder auch in den Geschichten, die ihr euch immer wieder erzählt, weil sie einfach dazugehören.

Ahnenmagie liegt in dem Aberglauben, den du für dich definierst, und in den Erinnerungsstücken, die du als Glücksbringer bei dir trägst. Denn wenn du vor einem wichtigen Meeting bewusst den Ring deiner Großmutter an deinen Finger steckst, machst du das, weil du dich dadurch in irgendeiner Weise mit ihr verbunden fühlst und ihre Stärke und Energie auf dich übergehen sollen. So gewinnst du Selbstvertrauen und hast das Gefühl, dass dir alles gelingen wird. Sogar Zyniker würden zugeben, dass Wurzeln, die uns Sicherheit geben, unsere Emotionen entscheidend beeinflussen können. Zu wissen, woher du kommst, und etwas über die Art dieser Verbindungen zu erfahren, hilft dir dabei, deinen wahren Wert zu erkennen und die Gaben und Talente zu entdecken, die dir geschenkt wurden. Die gute Nachricht: Wir alle haben das Potenzial, uns zugehörig zu fühlen. Wir alle haben Vorfahren. Du musst nichts über sie wissen, außer dass sie gelebt und dazu beigetragen haben, dich in diese Welt zu bringen. Alles Weitere liegt bei dir. Bei der Ahnenmagie bist du der Ausgangspunkt.

Deine DNA ist einzigartig und setzt sich aus der all deiner Vorfahren zusammen. Du bist demnach bereits mit ihnen verbunden. Das ist der Schlüssel. Wenn du in dich hineinblickst und lernst, auf deine Intuition und dein höheres Selbst zu hören, stärkst du diese Verbindungen und nimmst ihre Kraft auf. Wenn du dann noch ein paar Fakten sammelst, mit nahestehenden Personen Geschichten austauschst und gut zuhörst, was sie dir zu sagen haben, hast du die Verbindungen schon bald für dich aktiviert. Du lüftest Geheimnisse der Vergangenheit und erhältst sogar spirituelle Führung von den Geistern geliebter Verstorbener.

Beginne deine Reise in die Ahnenmagie mit diesem Buch. Es enthält eine Einführung in ihr Prinzip sowie Rituale und Anregungen, wie du die Kraft deiner Familie aktivierst. Du erlernst Techniken, mit denen du deine übersinnlichen Fähigkeiten intensivieren, Kontakt mit deinen Ahnen aufnehmen und dich stark und geborgen fühlen kannst. Du erfährst, wie du Affirmationen formulierst und Talismane herstellst, die positive Energie erzeugen und Reichtum anziehen, und entdeckst die heilende Kraft des Karmas deiner Vorfahren und wie du sie für dich nutzt. Das Buch unterstützt dich sowohl mit praktischen als auch mit eher spirituellen Übungen wie Meditation und Visualisierung bei deiner Reise. Vor allem aber sollen dir die vorgestellten Aktivitäten Spaß machen. Sie sollen dich mit anderen ins Gespräch bringen, den Kommunikationsfluss in Gang setzen, sodass du auch deine bestehenden Beziehungen stärkst. Wenn du den Empfehlungen in den einzelnen Kapiteln folgst, lernst du Neues über dich und deine Liebsten. Denn die Familie ist der Mittelpunkt aller Dinge, und wenn wir verstehen, wie sie funktioniert, erfahren wir mehr über unser eigenes Verhalten, unsere Überzeugungen und die Ursachen dafür.

Ahnenmagie ist sehr individuell und für alle unterschiedlich. Du allein entscheidest, wie weit du gehst. Wenn du tiefer einsteigen, in die kleinsten Verästelungen deines Stammbaums vordringen und die Geheimnisse deiner DNA lüften willst (um die es hier nicht geht), ist dieses Buch ein guter Anfang, denn es bringt dich der spirituellen Denkweise näher. Es hilft dir dabei, die Bedeutung der Vergangenheit zu erkennen und die Art, wie sie die Gegenwart und die Zukunft formt. Das Buch schärft auch deine Intuition und gibt dir das Selbstvertrauen, deinem Herzen und deiner Bestimmung zu folgen. Du baust deine persönliche Kraft aus und nimmst das, was du lernst, in jeden anderen Lebensbereich mit. Schließlich hast du schon bald deine Vorfahren an deiner Seite, die du jederzeit um Rat bitten kannst.

Viel Spaß und Freude mit dem Buch! Erkunde deinen eigenen Weg und folge ihm. Schaffe Raum für deine Vorfahren und lade sie zu dir ein. Begrüße sie in deiner Welt und öffne dich ihrer Weisheit. So nutzt du deine eigene Ahnenmagie für dich selbst und deinen Erfolg.

KAPITEL
EINS

Was verrät dir dein Name?

Im folgenden Kapitel erfährst du, wie wichtig es ist, dich mit deinen Vorfahren zu verbinden, und welchen Nutzen du davon hast. Es zeigt dir, was du dafür brauchst und wie du spirituelle Verbindungen mit der Vergangenheit herstellst. Außerdem erläutert das Kapitel, warum du unbedingt wissen musst, wer du bist und woher du kommst, und wie du erste Vergleiche ziehst, anhand derer du dich auf deine ganz individuelle Reise begibst. Dabei entdeckst du nicht nur neue Seiten an dir, sondern auch, wie du deine Aufgaben im Leben klarer sehen kannst, indem du dich mit deinen Vorfahren verbindest.

„Vergangenheit und Gegenwart sind in mir vereint."

Dein Ahnenmagie-Werkzeug

Mit deinen Vorfahren zu arbeiten, bedeutet, auf eine Reise zu gehen. Und wie bei jeder großen Expedition brauchst du auch hier die richtige Ausrüstung, um dich unterwegs zurechtzufinden. Wie genau sie aussieht, hängt davon ab, was du gerade vorhast. Aber es gibt immer wesentliche Werkzeuge, die dir helfen, eine Verbindung herzustellen und mit Ahnenmagie zu arbeiten. Die folgenden Dinge sind von Anfang an dabei.

Ahnenmagie-Tagebuch

Deine Gedanken sind ein wesentlicher Bestandteil deiner Arbeit mit deinen Vorfahren. Deshalb solltest du alles, was du denkst, fühlst und erlebst, unbedingt an einem zentralen Ort aufschreiben. So kannst du außerdem jederzeit zurückblicken und deine Fortschritte nachvollziehen. Notiere in deinem Tagebuch, was in dir vorgeht, sowie intuitive Nachrichten, die du empfängst. Du kannst darin auch deine kreativen Ideen sammeln. Dich mit den Geistern geliebter Verstorbener zu verbinden und mit Ahnenmagie zu arbeiten, erfordert einen gewissen Grad an Fantasie und die Fähigkeit, seine Kreativität auszuleben. Dein Tagebuch ist ein sicherer Ort dafür. Lasse deiner Vorstellungskraft freien Lauf und nutze deine innere Weisheit. Ganz egal, was du aufschreibst: Es ist einzig und allein für dich.

Meditationsmatte oder Kissen

Dieses Buch enthält eine Reihe von Meditationen, geführten Visualisierungen und Atemübungen. Sie alle sollen dir dabei helfen, das Portal in die Vergangenheit aufzustoßen. Dein Unterbewusstsein übernimmt die Kontrolle und du kannst auf deine innere Weisheit zugreifen und dich mit den Stimmen der Vergangenheit verbinden. Mache deshalb deine Übungen an einem geschützten und bequemen Ort. Mit einer geeigneten Matte oder einem Sitzkissen schaffst du die richtige Atmosphäre und signalisierst deinem Unterbewusstsein: „Ich ziehe mich jetzt zurück und gehe in mich.“ So bereitest du deinen Geist gezielt darauf vor, die Übungen auszuführen, denn du weißt: Sobald du auf der Matte oder dem Kissen sitzt, tauchst du in die Ahnenmagie ein.

Fotos von Familienmitgliedern

In der Ahnenmagie sind alte Fotos mächtige Werkzeuge. Sie öffnen einen Kanal in die Vergangenheit, sind Momentaufnahmen aus früherer Zeit und bieten einen Weg, dich mit deinen Ahnen zu verbinden. Schon das Äußere und der Gesichtsausdruck eines Vorfahren verraten bereits viel über ihn, ganz gleich, ob du ihn je getroffen hast oder nicht. Mit einem Foto vor dir kannst du dich besser auf dich und dein Vorhaben konzentrieren. Bereite dich auf die nachfolgenden Übungen vor, indem du möglichst viele alte Familienfotos zusammenträgst.

Erinnerungs- und Erbstücke

In den meisten Familien gibt es Andenken und Erbstücke, die an besondere Momente erinnern. Zu manchen dieser Gegenständen gibt es überlieferte Geschichten, während andere für dich eine persönliche Bedeutung haben. Ein Stück, das du geerbt hast, trägt besonders große Kraft in sich. Es ist eine Verbindung in die Vergangenheit und etwas, das jemandem aus deiner Familie einst sehr kostbar war.

Spiegel

Ein Spiegel fängt dein Ebenbild ein und gibt dir so etwas, auf das du dich während des Versuchs einer Kontaktaufnahme mit geliebten Verstorbenen konzentrieren kannst. Du kannst den Spiegel auch fixieren, während du meditierst, oder beim Wahrsagen durch ihn in dein Unterbewusstsein vordringen (mehr dazu später). Wenn du in den Spiegel und dir selbst in die Augen siehst, blickst du dabei in deine Seele, die letztlich mit allen Seelen deiner Familie verbunden ist. Du trägst die Weisheit deiner Vorfahren in dir, und die Arbeit mit dem Spiegel kann der Schlüssel sein, der die Schatztruhe des Wissens öffnet.

Kerzen

Kerzen spielen in der Ahnenmagie eine wesentliche Rolle. Die Rituale, bei denen du mit deinen Vorfahren sprichst und ihren Rat suchst, sind von zentraler Bedeutung – genau wie die richtige Atmosphäre. Kerzen helfen dir, deinen Geist zu fokussieren. Jede Farbe hat bestimmte Eigenschaften, je nachdem, was du gerade brauchst. Wenn du zum Beispiel auf der Suche nach der Weisheit vergangener Zeiten bist, greife zu einer lila Kerze, für Intuition und inneres Wissen. Ersuchst du deine Vorfahren hingegen um Stärke und Selbstvertrauen, zünde eine rote Kerze an, um dich zuversichtlich und gestärkt zu fühlen.

Kerzen und ihre Farben

Weiß	Heilung, Ruhe, Frieden
Silber	Reinigung, geistige Wahrnehmung
Gold	Verbindung mit deinem höheren Selbst
Rosa	Liebe, Schönheit, Selbstachtung
Rot	Kraft, Selbstvertrauen, Selbstsicherheit
Blau	Emotionale Heilung
Grün	Naturverbundenheit, Fülle
Gelb	Kreativität, Selbstentfaltung
Orange	Glück, positive Energie
Lila	Weisheit, Intuition
Braun	Erdung, Sicherheit
Schwarz	Schutz, Ausgeglichenheit

Kristalle

Kristalle sind Steine mit großer Kraft. Sie reagieren auf Energie und verstärken und übermitteln deine Absichten durch den Äther. Da sie unter anderem heilend wirken, lassen sie sich gut in der Ahnenmagie einsetzen. Wenn du dich mit deinen Vorfahren befasst, wirst du häufig mit vererbten Verhaltensmustern und Karma konfrontiert. Hierbei sind Kristalle hilfreich. Zudem verschaffen sie dir mehr Klarheit und fördern deine Intuition. Manche Kristalle regen dein Unterbewusstsein an, andere deine Kreativität. Die Auswahl ist sehr groß und richtet sich nach Zweck und Ziel. Wenn du nur einen Kristall in deinem Werkzeugkasten haben möchtest, nimm einen Bergkristall. Er ist ein guter Allrounder, der dir dabei hilft, Energie zu übertragen, deine übersinnliche Wahrnehmung zu erhöhen und Heilung zu fördern.

Kristalle und ihre Wirkung

Amethyst	Öffnet das Stirnchakra und fördert die übersinnliche Wahrnehmung
Schwarzer Turmalin	Erdet, schützt und reinigt deine Energie
Fluorit	Verstärkt die psychischen Fähigkeiten und bringt Klarheit
Jaspis	Gleicht Yin und Yang aus, erhöht die übersinnliche Wahrnehmung
Labradorit	Verstärkt die Kommunikation mit dem Geisterreich
Lapislazuli	Unterstützt den Zugang zu altem Wissen
Mondstein	Beruhigt und besänftigt Emotionen, verbessert die Intuition
Obsidian	Beruhigt Ängste, stärkt spirituelle Verbindungen
Opal	Hilft beim Zugang zu innerer Weisheit, erhöht Sensibilität
Selenit	Schützt und reinigt, stärkt spirituelle Verbindung

Setze dir Ziele

Bevor du dich mit deinen Ahnen beschäftigst, definiere zunächst deine individuellen Bedürfnisse und Ziele. Was erhoffst du dir vom Kontakt mit der Vergangenheit? Nimm dir Zeit, um über diese Frage nachzudenken. Vielleicht verfolgst du mehrere unterschiedliche Absichten. Geht es dir um ein Gefühl der Zugehörigkeit? Möchtest du stärker im Hier und Jetzt verankert sein? Suchst du nach spiritueller Führung durch deine Vorfahren oder möchtest du einfach mehr über sie und ihre Geschichte erfahren? Womöglich interessierst du dich auch ganz allgemein für deine Ahnen und bist gespannt, was zum Vorschein kommt, wenn du tiefer gräbst. Oder du nutzt die Reise, um deine Intuition zu schärfen.

Denke in Ruhe über deine Bedürfnisse und Ziele nach und schreibe sie dann in dein Tagebuch. Markiere diejenigen, die dir am wichtigsten sind. Führe dann ein einfaches Ritual aus und bekräftige deine spirituellen Vorhaben. So richtest du deinen Geist auf deine Ziele aus, bekräftigst sie und motivierst dich für deine Reise.

PROBIER'S AUS!

Lege deine Absicht fest

Wie bei jedem Ritual gilt auch hier: Löse dich von Zeit und Raum und sorge für die richtige Atmosphäre.

DAS BRAUCHST DU

Weiße Kerze, ätherisches Weihrauchöl, Duftlampe, Tagebuch

1. Zünde eine weiße Kerze an und erhitze ätherisches Weihrauchöl in einer Duftlampe. Alternativ kannst du auch ein paar Tropfen des Öls auf die Kerze geben, bevor du sie anzündest. Weihrauch spricht dein höheres Selbst an. Außerdem fördert es die Energieaufnahme und deine übersinnliche Wahrnehmung.
2. Konzentriere dich einige Minuten lang auf die Kerzenflamme. Beobachte, wie sie größer, länger und immer stärker wird. Stelle dir vor, dass auch in deinem Bauch eine kleine Flamme brennt. Immer wenn du einatmest, wird sie kräftiger. Spüre, wie sie sich nach oben hin ausbreitet und deinen Brustkorb mit Wärme und Licht füllt. Beim Ausatmen befreist du dich von jeglicher negativen Energie in dir. Vor deinem inneren Auge entweicht sie aus deinem Körper wie eine Rauchsäule.
3. Halte dein Tagebuch vor dich und lies die Liste der Ziele, die du dir notiert hast, laut vor.
4. Sage: „Das sind meine Absichten, die Ziele, die ich mir gesetzt habe. Möge mein Geist sich mit meinem Unterbewusstsein vereinen und mich auf meiner Reise begleiten. Mögen meine Vorfahren den Weg beleuchten und ihre Hand nach mir ausstrecken, damit ich mich mit ihnen verbinden und mich selbst besser kennenlernen kann. Was ich gesagt habe, soll geschehen. Meine Absicht ist mir wichtig und eindeutig."
5. Nun atme einige Minuten in aller Ruhe weiter in der friedlichen Atmosphäre, die dich umgibt.

Wer bin ich?

Die Frage mag auf den ersten Blick seltsam wirken. Denn du weißt ja, wer du bist. Du wurdest in eine Familie geboren und hast in deiner Kindheit und als Erwachsener viel über dich und die Welt um dich herum gelernt. Du hast Freunde gefunden und Beziehungen aufgebaut, gute und schlechte Erfahrungen gemacht und bist auf deine Weise mit ihnen umgegangen. Du hast Eigenschaften, Charakterzüge und Meinungen entwickelt, um deine Umgebung einordnen und mit ihr interagieren zu können. Niemand kennt dich besser als du selbst. Aber auch wenn du schon vieles über dich weißt, stellt sich die Frage: Was würdest du finden, wenn du ein wenig tiefer gräbst? Ist da eine Seite, die du vor der Außenwelt verborgen hältst? Oder eine, die dir selbst nicht voll und ganz bewusst ist? Deine Persönlichkeit hat viele Facetten. Einige von ihnen sind als Reaktion auf ein Erlebnis entstanden, andere sind angeboren. Manchmal schlummern Fähigkeiten jahrelang in dir, bevor sie plötzlich zum Vorschein kommen. Wäre es nicht wundervoll, tief ins Zentrum dessen, wer du bist und was dir wichtig ist, vorzudringen? Womöglich entdeckst du dabei eine Fähigkeit, die innerhalb deiner Familie einzigartig ist. Du könntest deine Fähigkeiten erweitern und gleichzeitig auf jeden Fall mehr über dich selbst und deine Ahnen erfahren.

Mit der Frage „Wer bin ich?“ könnte man einfach an der Oberfläche kratzen. Aber das, was man dann sehen würde, wäre längst nicht alles. Denn es gibt nicht nur dich – du bist das Ergebnis von Generationen vor dir. Und auch wenn sie die Welt anders erlebt haben als du, sind sie noch immer ein Teil von dir. Sie haben dich zu dem gemacht, was du heute bist. Ihre einzigartige DNA hat den Weg bereitet, auf dem du gehst. So leben sie gewissermaßen in dir weiter.

Stelle dir vor, du könntest eine Audienz mit nur einem deiner vielen Vorfahren haben. Was ließe sich dabei herausfinden? Selbst mit nur wenigen Fragen würdest du etwas darüber erfahren, wer sie waren und wie sie lebten. Und wenn du dir dieselben Fragen stellst? Was würdest du antworten und was käme über dich heraus? Welches Bild von dir bekämen diejenigen, die nach dir kommen? Um wirklich zu wissen, wer du bist, musst du die Perspektive wechseln und unter die Oberfläche blicken. Das gilt nicht nur für das, was war, sondern auch für das, was sein wird und was du den Generationen, die nach dir kommen, hinterlassen möchtest.

PROBIER'S AUS!

Vergangenheit, Gegenwart, Zukunft

1. Setze dich mit deinem Tagebuch hin und verbringe einige Minuten in stiller Reflexion. Atme gleichmäßig und bringe deinen Geist zur Ruhe. Lasse allen Stress in deinem Körper los und genieße den friedlichen Augenblick mit dir selbst.
2. Setze die drei Überschriften „Vergangenheit", „Gegenwart" und „Zukunft" jeweils oben auf eine Seite deines Tagebuchs.
3. Dann frage dich selbst „Wer bin ich?" unter jeder der Überschriften. Wer warst du in der Vergangenheit, wer bist du jetzt und wer wirst du in der Zukunft sein?
4. Denke in Bezug auf alle drei Zeiten deines Lebens über die Frage nach. Atme tief ein und aus und lasse deinen Gedenken freien Lauf.
5. Wie du die Frage jeweils beantwortest, liegt ganz bei dir. Du kannst ein paar Sätze, eine kurze Beschreibung oder Stichpunkte notieren. Vielleicht zeichnest du lieber ein Bild oder verfasst ein Gedicht. Du allein entscheidest. Wenn deine Kreativität ungehindert fließen kann, gehst du den Fragen stärker auf den Grund.
6. Sobald unter jeder Überschrift etwas steht, denke noch einmal über das, was du notiert hast, nach. Vielleicht fällt dir besonders auf, wie du dich im Lauf der Zeit weiterentwickelt hast. Oder du hast vor, künftig in eine neue Richtung zu gehen. Möglicherweise stellst du auch Ähnlichkeiten fest. Es können Eigenschaften auftauchen, die du gerne für dein künftiges Ich stärker fördern würdest, während du andere hinter dir gelassen hast. Alle deine Aufzeichnungen sind relevant, denn sie beschreiben einen Teil von dir.
7. Halte dir vor Augen, dass du mehr bist als nur dein jetziges Selbst. Du bist auch, wer du warst und wer du sein wirst. So erfährst du mehr darüber, wer du bist, siehst aber auch deine Vorfahren in einem neuen Licht. Oberflächlich betrachtet erscheinen sie auf eine bestimmte Weise. Aber genau wie du haben auch sie sich mit der Zeit entwickelt und verändert. Was sie als Vermächtnis zurückgelassen haben, ist nur ein Teil dessen, wer sie waren. Dahin zu kommen, erforderte viele einzelne Schritte.
8. Am Ende sage: „Was ich heute bin, besteht aus meiner Vergangenheit, meiner Gegenwart und meiner Zukunft."

Stelle Verbindungen her

Wenn du spirituell mit deinen Vorfahren Kontakt aufnehmen willst, fängst du am besten bei dir selbst an, denn du trägst einen Teil deiner Ahnen in dir. Es liegt in deiner Hand, die Tür zu früheren Zeiten aufzustoßen. Jetzt geht es darum, Verbindungen herzustellen, auf dich und dein Leben zu blicken und den Spuren in die Vergangenheit zu folgen. Du hast für dich schon festgelegt, was du erreichen willst, und auch darüber nachgedacht, wer du bist und wer du gerne wärst. Nun bist du so weit, die Verbindungen aufzubauen. Es gibt viele verschiedene Wege, das zu erreichen. Du kannst Mitglieder und Freunde der Familie befragen und so mehr über Verstorbene und jüngere Vorfahren erfahren. Oder du nutzt deine Intuition, indem du meditierst oder eine Visualisierung durchführst. Mithilfe diverser Techniken kannst du Informationen sammeln und mit der Vergangenheit Kontakt aufnehmen. Stelle dir vor, du bist ein Detektiv, der Hinweisen folgt und lose Enden miteinander verknüpft. Auf den folgenden Seiten findest du Tipps, wie du dabei am besten vorgehst.

„Viele Generationen haben mich geformt.“

Folge den Spuren

Wenn du Verbindungen mit der Vergangenheit aufbauen willst, trage als Erstes Material über deine Vorfahren zusammen: Geschichten, die dir noch lebende Familienmitglieder erzählt haben, oder Fotos, die dir in die Hände gefallen sind. Wenn du keine Aufnahmen hast, denke an die Verwandten, die du heute kennst.

Äußerlich

Halte Ausschau nach äußerlichen Ähnlichkeiten. Gibt es in deiner Familie typische Merkmale, zum Beispiel in Bezug auf Größe, Gestalt, Haut- und Haarfarbe oder Gesichtszüge? Achte auf immer wiederkehrende körperliche Gemeinsamkeiten – sie haben ihren Ursprung irgendwo in deiner Familie. Sie sind das Ergebnis derer, die vor dir lebten, und vermitteln dir einen Eindruck davon, wie einige deiner Vorfahren ausgesehen haben könnten. Vielleicht hast du Glück und besitzt einige alte Fotos, auf denen du die Ähnlichkeiten selbst erkennst. Aber auch ohne Bilder kannst du ziemlich gut einschätzen, welche Züge du geerbt hast, und eine Verbindung zwischen dir und deinen Vorfahren herstellen.

Emotional

Spüre emotionalen Eigenschaften nach. Welche Art von Mensch waren deine Vorfahren? Wie wären sie mit bestimmten Herausforderungen umgegangen? Auch hierzu kannst du andere Familienmitglieder befragen. Bestimmt bist du dir bereits einiger Eigenschaften und Wesenszüge bewusst, die du von direkten Angehörigen geerbt hast. Versuche trotzdem, noch weiter zurückzugehen. Stelle dir vor, wie deine Urgroßeltern oder ihre Eltern lebten. Wann war das und welche Aufgaben hatten sie zu bewältigen? Achte auf Emotionen und Verhaltensweisen, die du jetzt tust und geerbt haben könntest. Zugegeben: Zum Teil ist das ein Ratespiel. Vertraue deshalb auf deine Intuition, folge deinem Instinkt und du wirst die Spuren finden. Erinnere dich an Erzählungen über Verwandte, an Geschichten, die dich berührt und bewegt haben. Wahrscheinlich besteht zwischen dir und diesem Verwandten eine emotionale Verbindung. Suche deshalb nach Ähnlichkeiten.

Spirituell

Denke an die spirituellen Verbindungen mit der Vergangenheit. Verspürst du eine intuitive Verbindung zu einem deiner Verwandten? Vielleicht gibt es jemanden aus der jüngeren Vergangenheit, dem du dich spirituell verbunden fühlst. Das kann daran liegen, dass ihr etwas gemeinsam habt. Es kann aber auch subtilere Gründe haben, zum Beispiel, dass seine Energie deiner gleicht. Das würdest du instinktiv erkennen. Deine Träume verraten dir die Richtung, etwa wenn du immer wieder von einer verstorbenen geliebten Person träumst. Das ist eine spirituelle Verbindung: Die Person spricht durch dein Unterbewusstsein zu dir, während dein Bewusstsein schläft. Womöglich gibt es einen Vorfahren, der aus der Masse hervorsticht. Du hast ihn nie getroffen, denkst aber oft an ihn und fühlst seine Gegenwart. Auch das ist eine spirituelle Verbindung.

PROBIER'S AUS!

Erstelle eine Familien-Collage

Auch wenn du nicht genau weißt, wer deine Vorfahren waren: Trainiere deine kreativen Muskeln und erstelle eine Familien-Collage. Das macht Spaß, regt deine Fantasie an und stärkt deine spirituelle Verbindung zur Vergangenheit.

1. Blicke auf deine Verbindungen mit der Vergangenheit und denke dabei an die äußerlichen, emotionalen und spirituellen Bande, die du aufgebaut hast. Was hast du bislang entdeckt? Auch wenn du die Wahrheit nicht genau kennst, kannst du Vermutungen anstellen, die dir helfen, ein genaueres Bild zu bekommen.
2. Platziere als Erstes dich selbst in der Mitte der Collage, zum Beispiel als Foto, Zeichnung oder mit einem Gegenstand, der dich verkörpert, ganz wie du magst.
3. Füge dann Verwandte hinzu, die du so darstellst, dass es ihrer Bedeutung für dich und dein Leben entspricht. Ziehe Linien zwischen ihnen und dir und drücke so eure Verbindung aus.
4. Denke nun darüber nach, was du über deine Vorfahren weißt. Wenn du Informationen über manche von ihnen hast, füge sie hinzu. Hast du nur eine ungefähre Vorstellung von ihnen, drücke sie durch Bilder, Symbole und Zeichnungen aus. Du meinst, deine Ahnen waren Landwirte? Dazu passt die Abbildung eines Bauern oder Ackers. Auch eine kurze Beschreibung oder der Name einer Person vervollständigt deine Collage. Wie du deine Ahnen darstellst, liegt ganz bei dir. Hauptsache, du bist kreativ.
5. Berücksichtige auch die Verbindungen in Bezug auf das Äußere, die du in der vorhergehenden Übung hergestellt hast. Wenn du zum Beispiel herausgefunden hast, dass deine Vorfahren wahrscheinlich dunkle Haare und Augen hatten, nimm dies ebenfalls in deine Collage auf.

6. Achte ebenso auf die emotionalen Verbindungen. Du weißt, dass du aus einer temperamentvollen Künstlerfamilie stammst? Finde auch dafür ein Bild oder Symbol.
7. Wenn du fertig bist, finde für deine Collage einen Platz, wo du sie jeden Tag siehst. Das stärkt deine Verbindung mit der Vergangenheit und deinen Vorfahren.
8. Du kannst deine Collage jederzeit verändern oder ergänzen. Sie ist ein lebendiges Bild deiner Vergangenheit und deiner Gegenwart.

DAS BRAUCHST DU

Ein großes Stück Papier oder Pappe, farbige Stifte, Bilder aus Zeitschriften, Kleber und Material zur Verzierung nach Belieben

Lausche und lerne

Ahnenmagie beruht zu einem gewissen Maß auf Recherche und darauf, dass du die Initiative ergreifst und so viel wie möglich über deine Vorfahren herausfindest. Auch wenn dir die Zeit fehlt, ganz tief in deine Familiengeschichte einzutauchen: Verwandten und Freunden der Familie ein paar Fragen zu stellen, geht ganz schnell. Dann musst du nur noch lauschen und lernen. Am besten schreibst du dir gleich alles auf, denn auch wenn du meinst, du kannst dir jedes Wort merken, ist es doch gut, wenn du später in deinen Notizen nachblättern kannst

Betrachte die Recherche als Teil eines Forschungsprojekts und investiere dementsprechend Zeit und Arbeit. Zeichne Gespräche auf. Frage diejenigen, die deine Eltern, Großeltern oder Urgroßeltern kannten, nach Geschichten und Erinnerungen. Auf diese einfache Weise entdeckst du nicht nur wichtige Verbindungen in die Vergangenheit, sondern festigst sie durch die Menschen, die noch immer hier und Teil deines Lebens sind.

„Meine Identität besteht aus vielen Stimmen."

Meditiere über deine wahre Bestimmung

Deine Vorfahren wünschen dir Erfolg. Sie können dir bei deiner Reise Kraft schenken und dich nähren. Wenn du etwas über sie erfährst, von ihnen und mit ihnen lernst, findest du deine wahre Bestimmung heraus und schärfst dein Selbstbild. Dich mit deinen Ahnen spirituell zu verbinden, fördert und erhöht deine Intuition. Du bist dir deiner selbst stärker bewusst und lernst, deinen Instinkten zu vertrauen. Um dies zu erreichen, mache Meditation zu einem festen Bestandteil deiner Routine.

„Ich lerne aus der Weisheit meiner Ahnen.“

PROBIER'S AUS!

Lichtfaden

1. Setze dich bequem hin. Rolle die Schultern zurück und strecke deine Wirbelsäule. Stelle dir vor, wie aus deinem Haupt ein Lichtfaden hervortritt. Spüre, wie er sanft nach oben zieht, während du dich dehnst und deinen Brustkorb öffnest.
2. Schließe die Augen und atme lange und tief durch die Nase ein. Beim Ausatmen lässt du Stress und Verspannungen los. Atme einige Minuten auf dieselbe Weise weiter.
3. Wenn du so weit bist, konzentriere dich wieder auf dein Haupt. Visualisiere, wie der Lichtfaden immer weiter emporsteigt. Denke daran, dass er dich mit dem Universum verbindet.
4. Folge dem Weg des Fadens über deinen Kopf hinweg nach oben, hinauf in den Himmel. Stelle dir vor, wie er in der Zeit zurückreist zu denen, die früher lebten. Irgendwann teilt sich der Faden in verschiedene Stränge und Richtungen und verbindet dich mit deinen Vorfahren.
5. Die Verbindung wird mit jedem Einatmen stärker. Je mehr Energie durch sie fließt, desto heller wird das Licht.
6. Mit jedem Ausatmen lässt du Ängste und Zweifel los. Visualisiere weiterhin einen Lichtstrahl, der den Faden entlang und zurück durch dein Haupt fährt, wenn du einatmest.
7. Genieße die Kraft der Verbindung und spüre die freudige Energie, die sie in deinen Körper und Geist und deine Seele bringt.
8. Wenn deine Gedanken abschweifen, konzentriere dich erneut auf das Licht und deine Atmung.
9. Mithilfe dieser einfachen Meditation kannst du dich jederzeit mit deinen Vorfahren verbinden. Du fühlst dich stark und dynamisch, und wenn du Hilfe oder Führung suchst, baut sie eine spirituelle Verbindung zu deinen Vorfahren auf.

Andere Wege zu deinem wahren Ich

Mit diesen einfachen Alltagsroutinen erfährst du mehr über dich selbst und darüber, was dich bewegt.

Schreibe deine Träume auf

Halte neben deinem Bett ein Notizbuch und einen Stift bereit. Bringe vor dem Einschlafen deinen Geist mit einer Atemübung zur Ruhe und bitte dann dein Unterbewusstsein, im Schlaf zu dir zu sprechen. Wenn du Antworten auf bestimmte Fragen suchst, formuliere sie. Geht es dir darum, die Verbindung mit der Vergangenheit zu stärken und deine Intuition zu trainieren, bitte um einen bedeutungsvollen Traum. Auch wenn du nicht immer die Antworten bekommst, die du suchst: Ein Ritual und dein fester Wunsch regen bereits aussagekräftige Träume an.

Erinnere dich an deine Kindheit

Was hat dir als Kind Spaß gemacht? Gehe einen Schritt zurück in die Vergangenheit und stelle dir diese Frage. Erinnere dich daran, was du als Kind gespielt hast. Was war dein liebster Zeitvertreib? Hast du davon geträumt, später Detektiv oder Künstler zu werden? Auch deine Hoffnungen und Wünsche aus der Kindheit helfen dir dabei, dich selbst besser kennenzulernen und zu erkennen, was dich antreibt. Selbst wenn du deine Träume von damals nicht umgesetzt hast: Es ist noch nicht zu spät. Was hat dir früher gefallen und warum? Du hast dir gerne Geschichten ausgedacht oder hattest eine lebhafte Fantasie? Nutzt du sie auch heute noch? Lässt du nach wie vor deiner Kreativität freien Lauf? Falls nicht, wie könntest du diese Seite deiner Persönlichkeit wieder stärker ausleben? Um dich selbst und deine Wurzeln genau kennenzulernen, musst du so weit wie möglich zurück und deiner Seele auf den Grund gehen.

Die Form deines Namens

Mache dich mit deinem Namen vertraut. Er ist meist das Erste, was Menschen von dir sehen oder hören. Deshalb trägt er ganz wesentlich zu deiner Identität bei. Was aber bedeutet dein Name dir selbst und wie definiert er dich? Finde es mit der folgenden Übung heraus.

PROBIER'S AUS!

Namensspiel

1. Denke an deinen Vornamen und was er für dich bedeutet. Gefällt er dir? Magst du es, wenn man dich bei deinem Namen ruft, oder ziehst du einen Spitznamen vor? Falls ja, warum?
2. Nun denke an deinen Nachnamen. Woran erinnert er dich? Verbindest du bestimmte Eigenschaften mit diesem Namen?
3. Erstelle eine Liste dieser Eigenschaften. Schreibe dabei auf, was dir als Erstes in den Sinn kommt.
4. Schließe deine Augen und lasse deine Gedanken wandern, Bilder kommen und gehen. Wenn etwas heraussticht, notiere es.
5. Gibt es in deiner Familie Namen, die etwas in dir bewegen? Selbst wenn du nichts über den Namensträger weißt, bringt sein Name vielleicht eine Saite bei dir zum Klingen und lässt ein Bild entstehen, mit dem du eine Verbindung zu diesem Vorfahren aufnehmen kannst.
6. Falls möglich, zeichne die Person oder beschreibe sie, nur von ihrem Namen ausgehend. Es spielt keine Rolle, wenn die Darstellung ihm nicht ähnlich sieht. Es geht nur darum, dich mit seiner Energie zu verbinden.

Rede darüber

Sprich mit deinen Eltern und anderen Verwandten, die dich schon als Kind kannten. Frage sie, wie du warst. Hast du dich sehr verändert? Sehen sie Unterschiede im Vergleich zu früher? Erkennen sie eine Familienähnlichkeit in deinem Verhalten? Durch das Stellen von Fragen bekommst du ein besseres Gefühl für dich selbst und eine Verbindung zur Vergangenheit. Vielleicht fallen dir auch vergessene Begabungen wieder ein. Indem du auf diese Weise Erinnerungen austauschst, verstärkst du die Verbindung zu deinen Lieben. Zudem erweckst du dein inneres Kind wieder zum Leben und spürst noch einmal die unbeschwerte Freude deiner Kindheit.

„Ich trage die, die vor mir gegangen sind, im Herzen und im Geist.“

Tagebuch-Übung

Fasse für dich zusammen, was du in diesem Kapitel erfahren hast. Was hast du über dich selbst herausgefunden? Wie fühlt es sich an, deine Verbindung mit der Vergangenheit zu stärken? Hat es deine Sicht auf dich selbst verändert? Falls ja, inwiefern? Was kannst du für dich und dein Selbstvertrauen mitnehmen? Vielleicht hast du an deiner Persönlichkeit eine neue Seite festgestellt, in die du gerne weiter vordringen willst. Wie könnte das gelingen und was musst du dafür tun? Überlege auch, was du bislang über deine Ahnen erfahren hast. Siehst du, wie sich Verbindungen zu ihnen aufbauen? Sie könnten auf emotionalen oder äußerlichen Ähnlichkeiten beruhen, die du gefunden hast, oder auf einem tieferen Verständnis dessen, wie ihr Leben wohl ausgesehen hat.

Hebe drei Aspekte hervor, die du beim Lesen und Durchführen der Übungen in diesem Kapitel entdeckt hast. Zum Beispiel, dass du als Kind gerne getanzt hast und wieder damit anfangen willst oder dass du eine ähnliche Gestalt und Haarfarbe hast wie einer deiner Vorfahren.

KAPITEL
ZWEI

Was wollen dir deine Ahnen sagen?

Im folgenden Kapitel geht es um die verschiedenen Wege, über die du mit deinen Vorfahren in der Geisterwelt Kontakt aufnehmen kannst. Du erfährst, welche Techniken es gibt und wie du sie nutzen kannst, um ein Gespräch zu beginnen. Davon ausgehend baust du Beziehungen zu deinen Ahnen auf und empfängst die Begleitung und Heilung, die sie dir senden wollen. Kommunikation ist keine Einbahnstraße. Deshalb lernst du nicht nur, deine Vorfahren auf dich aufmerksam zu machen und eine Unterhaltung zu beginnen, sondern auch, auf ihre Signale und Nachrichten an dich zu hören.

„Meine Vorfahren wachen über mich."

Sprich mit deinen Vorfahren

Wenn du genau jetzt mit einem deiner Vorfahren sprechen könntest, was würdest du sagen? Hättest du viele Fragen? Würdest du in einer bestimmten Sache um Rat bitten? Oder einfach nur zuhören, was er zu erzählen hat? Schließlich verfügen deine Ahnen über einen großen Reichtum an Erfahrungen, auf die auch du gerne zugreifen willst.

Deine Vorfahren wollen dir mit Sicherheit beistehen und dir etwas von ihrer Weisheit und heilenden Energie schenken. Wenn wir einmal in die nächste Welt übergehen, begeben auch wir uns auf eine spirituelle Reise. Wir sehen vieles klarer und erhalten die Chance, den Hinterbliebenen zu helfen, indem wir sie leiten oder ihnen kraftvolle Heilung senden, damit sie positive Energie erzeugen können.

Auch deine Ahnen suchen Kontakt zu dir, selbst wenn du es nicht bemerkst. Es ist für sie sicher manchmal frustrierend, wenn wir sie nicht hören oder ihre versteckten Tipps nicht wahrnehmen. Das ist natürlich nicht unsere Schuld. Wir haben ständig viel zu tun und sind mit anderen Dingen beschäftigt, hören nicht auf unsere Intuition und bleiben eher an der Oberfläche. Geister treten jedoch über unser Unterbewusstsein mit uns in Kontakt. Sie senden uns Signale mithilfe der Synchronizität. Wie können wir mit ihnen kommunizieren und an ihren Erkenntnissen teilhaben?

Mit einer Reihe von Techniken kannst du deine Ahnen erreichen und dich mit ihnen austauschen. Bei der Visualisierung lässt du deiner Fantasie und Intuition freien Lauf. Wenn du meditierst, stärkst du deine Verbindung mit der Geisterwelt und deinem höheren Selbst. Hinzu kommen eher praktische Ansätze, wie nach Hinweisen zu suchen, sich dem Phänomen der Synchronizität gegenüber zu öffnen und durch Erinnerungen Verbindung aufzunehmen.

Wie du die Gespräche führst, liegt ganz bei dir. Mit Sicherheit werden sie dein Leben bereichern und dir helfen, deinen Weg zu finden. Sie geben dir ein Gefühl der Zugehörigkeit, innere Stärke und die Möglichkeit, in allen Lebenslagen auf die Weisheit deiner Vorfahren zuzugreifen. Sie schenken dir spirituelle Heilung. Indem du sie in deine Welt einlädst, öffnest du einen Kommunikationskanal und lässt den Fluss heilender Energie zu, die dich vitaler macht und dir neue Kraft schenkt, wann immer du dich verletzlich fühlst.

Synchronizität

Die Kraft der Synchronizität ist in deinem Leben täglich vorhanden, auch wenn du dir dessen nicht bewusst bist. Während du denkst, dass ein Ereignis einfach nur ein glücklicher Zufall war, ist der Einfluss der Synchronizität viel umfassender. Sie liegt dann vor, wenn das Universum und die Geisterwelt eine Reihe von Ereignissen oder Begebenheiten senden, um dich zu begleiten oder dir eine bestimmte Nachricht zu übermitteln. Synchronizität wirkt oftmals beruhigend und lebensbejahend und zeigt dir, dass du auf dem richtigen Weg bist. Sie schenkt dir einen Moment der Erleuchtung und ist sehr wahrscheinlich auf ganz persönliche Weise bedeutsam. Was unterscheidet die Synchronizität von einem reinen Zufall? Synchronizität fühlt sich viel größer und bedeutender an, ganz so, als hätten sich spirituelle Mächte vereint, um dir eine Nachricht zu senden, die dir nicht entgehen kann.

Allerdings kommt die Synchronizität nicht unbedingt wie ein Blitz aus heiterem Himmel. Sie kann auch aus etwas so Einfachem wie einem Songtext bestehen, den du immer wieder hörst und der etwas in dir auslöst. Die Geisterwelt nutzt die Synchronizität oft, um dich auf sich aufmerksam zu machen und dir mitzuteilen, dass deine Ahnen mit dir sprechen werden. Wenn du dich mit ihnen verbinden willst, musst du den Prozess wahrnehmen und wissen, wie er funktioniert.

Wie bei jeder Art der übersinnlichen Kommunikation kommt es auch hierbei darauf an, offen und präsent zu sein, dich eher auf die Welt einzustellen, als aus ihr zu flüchten. Sei aufmerksam und interessiert, nimm alles um dich herum wahr, anstatt immerzu besorgt oder gestresst zu sein. Nimm dir die Zeit, auf deine Intuition zu hören. Achte besonders auf Dinge, die dein Interesse wecken. Nicht selten ignorieren wir Signale von Geistern, weil wir so beschäftigt damit sind, unsere To-do-Liste abzuarbeiten. Mit den Techniken, die du in diesem Kapitel lernst, bringst du dich auf natürliche Weise mit der Synchronizität in Einklang. Außerdem förderst du deine Intuition und öffnest dich für die Kontaktaufnahme durch deine Ahnen.

PROBIER'S AUS!

Körperliche Signale

1. Nutze deine Intuition, um festzustellen, wann Synchronizität am Werk ist, und empfange die Botschaften deiner Vorfahren. Entscheidend dafür ist, dass du die körperlichen Signale, die du empfängst, richtig deutest und auf deinen Instinkt vertraust.
2. Höre dafür genau auf das, was dein Körper dir mitteilt. Erlebst du zum Beispiel eine positive und aufregende Überraschung, achte darauf, wie dein Körper reagiert. Hast du plötzlich Schmetterlinge im Bauch oder ein Kribbeln entlang der Wirbelsäule? Dasselbe gilt auch für bedrohliche Situationen, in denen sich vielleicht dein Magen zusammenzieht oder du auf andere Weise Stress verspürst.
3. Registriere deine wichtigsten körperlichen Signale und was sie für dich bedeuten. Lerne, deinen Empfindungen zu vertrauen, und lasse dich von deiner Intution leiten. Schreibe dir auf, wie sich die Signale äußern und anfühlen und wann du sie empfängst. Warte ab, was geschieht, und sieh später nach, ob deine Vermutungen zutreffend waren.
4. Je stärker dir spirituelle Signale und Synchronizitäten bewusst sind und je mehr du deiner Intuition vertraust, desto deutlicher wirst du instinktiv spüren, wenn deine Ahnen dir ein Zeichen geben oder dich in eine bestimmte Richtung leiten wollen.

„Die Stimmen meiner Ahnen leiten und nähren mich."

Visualisierung

Diese mächtige Technik stärkt deine Intuition und hilft dir dabei, dich mit deinen Vorfahren in der Geisterwelt zu verbinden. Bei einer Visualisierung stellst du dir ein Szenario vor und spielst es in Gedanken durch – ein bisschen so, als ob du selbst im Mittelpunkt der Handlung eines Films stündest. Du hast die Hauptrolle und gestaltest gleichzeitig die Story. Innerhalb deiner Visualisierung kannst du überall hingehen, tun, was immer du willst, und sein, wer oder was du magst. Gestatte dir selbst zu träumen und lasse den Dingen ihren Lauf.

Mithilfe einer Visualisierung kannst du positive Energie erzeugen und dir selbst die Zukunft offenbaren. Du siehst das, was du dir wünschst, und du handelst so, als sei es bereits geschehen. Indem du dies immer und immer wieder bekräftigst, sendest du eine mächtige Nachricht an das Universum und sorgst für positive Energie. Eine Visualisierung kann dir auch dabei helfen, mit der Geisterwelt in Kontakt zu treten. Du nutzt dafür dein Unterbewusstsein, sodass sich deine Intuition frei entfalten kann. Immer wenn du deiner Fantasie die Kontrolle überlässt, schöpfst du aus einer jenseitigen Energiequelle und öffnest mit deinen übersinnlichen Kräften ein Fenster in eine andere Dimension. Jedes Mal wird dabei der Schleier zwischen dieser Welt und der nächsten lichter, und du kannst mit den Geistern kommunizieren.

PROBIER'S AUS!

Die Treppen-Technik

Suche dir einen bequemen und ungestörten Sitzplatz. Visualisierung braucht Zeit, und die willst du dir nehmen, ohne mitten im Gedankenfluss unterbrochen zu werden. Schaffe mit Duftkerzen eine entspannte Atmosphäre und lasse im Hintergrund sanfte Musik laufen.

1. Wenn du bereit bist, konzentriere dich einige Minuten lang auf deine Atmung. Atme vier Sekunden lang tief ein und ebenso lange wieder ruhig aus. Bleibe im selben Rhythmus und verlängere ihn dann auf fünf Sekunden. Nach ein paar Minuten solltest du dich bereits entspannter fühlen.
2. Schließe die Augen und stelle dir eine Wendeltreppe vor. Sie führt weit in die Tiefe. Irgendwo ganz unten kannst du einen Lichtschimmer erkennen. Er sieht warm und einladend aus.
3. Ganz langsam steigst du die Treppe hinab und zählst die Stufen: „Eins, zwei ..."Je weiter du hinunterkommst desto ruhiger bist du. Dein Körper ist entspannt, dein Geist ruht. Die einzigen Geräusche, die du hörst, sind deine Atmung und deine leisen Schritte auf der Treppe.
4. Irgendwann endet die Treppe und du hast das untere Stockwerk erreicht. Vor dir liegt ein Gang mit mehreren Türen. Jede davon führt in einen Raum und zu einem deiner Vorfahren. Sie haben sich alle versammelt, um dich zu treffen.
5. Gehe in aller Ruhe den Gang entlang. Sieh dir die Türen genau an. Vielleicht haben sie verschiedene Farben oder sind nummeriert. Lasse dich bei den Details von deiner Fantasie leiten.
6. Vermutlich zieht dich einer der Räume stärker an als die anderen. Gehe in Ruhe zur Tür, klopfe an und tritt ein. Blicke dich in aller Ruhe um. Was siehst du? Ist der Raum groß oder klein? Hat er Fenster? Ist er leer? Ist er komplett eingerichtet in einem Stil, den du kennst? Oder fühlst du dich wie in der Zeit zurückversetzt?

7. Stelle fest, ob du allein bist. Dein Vorfahre könnte schon auf dich warten oder kommt erst nach dir dorthin. Du spürst seine Anwesenheit und hörst seine Stimme oder hast eine Vision.
8. Nimm dir Zeit und lasse deinen Vorfahren durch deine Intuition mit dir sprechen. Sei ganz entspannt und genieße das Erlebnis. Du musst nichts erzwingen. Wenn nichts geschieht, ist das auch in Ordnung. Du allein hast die Kontrolle über diese Visualisierung und kannst sie jederzeit verlassen.
9. Wenn du deinen Vorfahren triffst, fragst du vielleicht nach einer bestimmten Botschaft oder einem konkreten Rat oder du lässt die Unterhaltung einfach laufen. Es kann sein, dass dein Vorfahre dir heilende Energie senden oder einfach nur bei dir sein möchte. Denke daran, dass er auch Fragen haben könnte. Das Gespräch bietet euch beiden Gelegenheit, einander besser kennenzulernen.
10. Bevor du wieder in deinen Körper zurückkehrst, bedanke dich bei deinem Vorfahren für seine Zeit und Begleitung und verabschiede dich, wissend, dass du jederzeit hierher zurückkommen kannst, wann immer du dich erneut mit einem deiner Ahnen verbinden willst.
11. Gehe zurück durch die Tür, den Gang entlang und die Wendeltreppe hinauf. Zähle wieder die Stufen wie beim Herabsteigen, bis du oben ankommst.
12. Atme tief ein und öffne beim Ausatmen die Augen. Schüttle dich oder trinke etwas Wasser, um wieder ganz zu dir zu kommen.
13. Nimm dein Tagebuch zur Hand und notiere alles über das Erlebte, woran du dich erinnern kannst. Jedes Mal, wenn du diese Visualisierung durchführst, kannst du deinen Fortschritt verzeichnen. Mit der Zeit wirst du feststellen, wie sich deine Beziehung zu dem Vorfahren entwickelt. Denke daran, dass du jeden der Räume besuchen und andere deiner Ahnen treffen kannst, wann immer du willst.

Meditation

Meditation hilft dabei, den Geist zu beruhigen und die Intuition an die Oberfläche zu bringen. Beim Meditieren öffnet sich in Geist und Seele ein Fenster, durch das deine Ahnen dir Heilung und Weisheit senden können. Die Meditation ist ein mächtiges Werkzeug, das Atemtechniken mit anderen Tipps und Tricks kombiniert, um die Gedanken zur Ruhe und dich ins Hier und Jetzt zu bringen. Sie hilft dir außerdem dabei, eine höhere Bewusstseinsebene zu erreichen, von der aus du mit deinen dich begleitenden Ahnen in der Geisterwelt Zwiesprache halten kannst.

PROBIER'S AUS!

Blume aus Licht

1. Suche dir einen ruhigen, ungestörten Sitzplatz. Entspanne deinen Körper und schließe die Augen.
2. Atme lang und tief durch die Nase ein. Halte den Atem fünf Sekunden an, dann atme sanft durch den Mund aus.
3. Atme einige Minuten weiter. Wenn deine Gedanken abschweifen, lasse dich nicht beirren: Kehre zu deiner Atmung zurück und zähle wieder die Sekunden.
4. Konzentriere dich auf die Mitte deiner Kopfhaut. Du spürst dort ein Prickeln, während sich das Energiezentrum allmählich öffnet. Wenn es dir hilft, stelle dir eine goldene Blume vor, deren Blütenblätter sich langsam entfalten.
5. Inmitten der Blüte wirbelt eine goldene Energiekugel umher, die mit deinem höheren Selbst verbunden ist und dich direkt zu deiner Intution und der Geisterwelt führt.
6. Beim Einatmen wird die Energiekugel immer größer und heller. Sieh zu, wie ihr Licht sich auch nach außen ausbreitet, in jede Richtung.

„Zwischen meinen Ahnen und mir fließt die Sprache der Liebe."

7. Beim Ausatmen verlassen alle Ängste und Zweifel mit dem Atem deinen Körper. Löse dich von negativer Energie und Stress.
8. Atme immer weiter und konzentriere dich auf die goldene Energiekugel.
9. Nimm Gedanken, die dir dabei in den Sinn kommen, an und schiebe sie dann beiseite. Richte deine Aufmerksamkeit wieder auf deine Atmung.
10. Vielleicht treten Emotionen zutage oder du hörst sogar Stimmen. Nimm sie zur Kenntnis. Lasse sie durch deinen Geist fließen und atme weiter.
11. Wenn du fertig bist, stelle dir vor, wie die goldene Blume sich wieder schließt. Achte erneut darauf, wie sich dein Brustkorb beim Atmen hebt und senkt und wie sich dein restlicher Körper anfühlt.
12. Wie fühlst du dich dabei? Höre in dich hinein und prüfe, ob sich deine Stimmung geändert hat.
13. Öffne langsam die Augen und strecke dich. Kehre in aller Ruhe wieder in die reale Welt zurück.
14. Wenn du während der Meditation eine Vision oder Erkenntnisse hattest, notiere sie in deinem Tagebuch, damit du sie in Zukunft nachlesen kannst. Denke daran, dass dies einer der vielen Wege ist, über die deine Ahnen Kontakt mit dir aufnehmen.

„Meine Ahnenführer sind immer an meiner Seite.“

Praktische spirituelle Übungen

Es gibt auch praktische Wege, wie du mit deinen Vorfahren kommunizieren kannst. Du kannst diese Techniken anwenden, wenn dir Visualisierung und Meditation nicht zusagen. Schließlich sind wir alle verschieden – das galt für unsere Vorfahren früher ebenso wie für uns heute. Manchen fällt es leicht, visuell zu denken und sich ein Szenario vorzustellen oder ihren Geist mit einer Atemübung zu beruhigen. Andere hingegen sind lieber aktiv und bevorzugen es, auf anderem Wege eine Nachricht zu senden. Deine Vorfahren wollen ihre Weisheit weitergeben und mit dir in Kontakt treten. Sie wollen helfen, dir ihre Liebe schicken und – genau wie du – eine Verbindung aufbauen

Wichtig ist, dass du dich bei dem, wie du vorgehst, wohlfühlst. Wenn du also eher praktisch veranlagt bist, wirst du kommunizieren, indem du schreibst oder sprichst, ein Ritual durchführst oder mit einer konkreten Erinnerung arbeitest.

PROBIER'S AUS

Brief an die Vergangenheit

Eine der einfachsten Arten, mit deinen Ahnen in Verbindung zu treten, besteht darin aufzuschreiben, was du ihnen sagen möchtest. Ein guter Anfang: Schreibe ihnen einen Brief und erzähle, wie du dich fühlst, was du wissen willst und was du ihnen bei einer Begegnung gerne sagen würdest.

DAS BRAUCHST DU

Fotografie deines Vorfahren, Schmierpapier, Briefpapier, Stift, Umschlag, Tagebuch

1. Überlege dir zunächst, mit welchem Vorfahren du sprechen willst. Du könntest zum Beispiel einen deiner Urgroßeltern wählen. Es kommt nicht darauf an, was du über die Person weißt. Es geht lediglich darum, eine spirituelle Verbindung zu ihr aufzubauen.
2. Wenn du ein Foto des von dir gewählten Vorfahren hast, lege es vor dich.
3. Nun male dir aus, wie es wäre, die Person zum ersten Mal zu treffen. Was würdest du ihr sagen und was soll sie über dich erfahren? Denke daran, dass euer Gespräch keine Einbahnstraße ist: Du hast Fragen, aber auch dein Gegenüber will etwas über dich und dein Leben wissen.
4. Setze deinen Brief zunächst auf einem Blatt Schmierpapier auf. Erst wenn du fertig bist, nimm einen Bogen Briefpapier und beginne zu schreiben.
5. Stelle dich so vor, als würdet ihr euch persönlich begegnen. Frage nach dem Leben deines Vorfahren und erzähle dann von deinem. Wenn du Erinnerungen an die Person hast, teile sie mit ihr und erwähne dabei die Familienmitglieder, die sich ebenfalls an sie erinnern.
6. Danke deinem Vorfahren, dass er an deiner Seite ist und dich leitet. Stelle konkrete Fragen oder bitte um Hilfe für ein anstehendes Problem. Du hast jetzt die Gelegenheit, alles zu Papier zu bringen.
7. Wenn du mit deinem Brief zufrieden bist, lies ihn laut vor. Stelle dir dabei vor, dass dein Vorfahre neben dir steht und zuhört, was du ihm zu sagen hast.
8. Dann steckst du den Brief in einen Umschlag, den du an deinen Ahnen adressierst. Bewahre den Brief in deinem Tagebuch auf oder lege ihn auf deinen Ahnenaltar (siehe Seite 82).

Automatisches Schreiben

Beim automatischen Schreiben nutzt du deine innere Weisheit und verbindest dich mit der Geisterwelt. Manchen hilft die Technik, um mit ihren Begleitern in der Nachwelt Zwiesprache zu halten, während andere damit in ihr Unterbewusstsein vordringen und dort einen Kanal zu ihren Ahnen finden.

Wie bei vielen anderen spirituellen Übungen gilt auch hier: Öffne Herz und Geist und sei bereit, das automatische Schreiben zu üben. Der Aufwand lohnt sich, denn es hilft dir dabei, auf einer tieferen Ebene mit deinen Vorfahren zu kommunizieren. Entscheidend ist dabei, dass du in einen tranceähnlichen Zustand gelangst, indem du deinen Geist entspannst. Dies gelingt entweder mithilfe von diversen Atemtechniken, sanfter Musik oder dem Sitzen in der Natur. Sobald du ganz ruhig bist, gib die Kontrolle ab. Setze den Stift auf das Papier und lasse deine Ahnen zu dir sprechen.

PROBIER'S AUS!

Gespräche in der Natur

1. Finde einen bequemen Sitzplatz in der Natur: in deinem Hinterhof, dem nahegelegenen Park oder an einem anderen schönen Ort. Nimm dein Tagebuch und einen Stift mit.
2. Mache es dir bequem und stelle sicher, dass du nicht gestört wirst. Für diese Übung solltest du unbegrenzt Zeit haben, damit du dich wirklich entspannen kannst.
3. Atme einige Male tief ein und aus, um deinen Geist zu beruhigen. Spüre deine Umgebung mit jedem deiner Sinne. So verharrst du im Moment.
4. Schließe einige Minuten die Augen und konzentriere dich auf deine Verbindung mit deinen Ahnen. Bitte sie darum, sich zu erkennen zu geben oder dir Gesellschaft zu leisten.
5. Konzentriere dich nicht auf eine bestimmte Frage, sondern sei für alles offen. Bitte sie herein und lasse sie durch dich sprechen. Gib ihnen dabei unbedingt die Freiheit, alles zu äußern, was sie wollen. Wenn sie dir etwas sagen wollen, werden sie dieser Aufforderung folgen.
6. Halte den Stift über das Papier. Denke nicht daran, was er tut. Wenn es dir hilft, schließe die Augen oder sieh weg.
7. Wenn du merkst, dass du steuerst, was geschrieben wird, halte inne und konzentriere dich wieder auf deine Atmung.

„Meine Vorfahren beschützen, unterstützen und lieben mich."

8. Nimm dir Zeit und mache eine Pause, wenn du eine brauchst. Besonders wichtig: Wundere dich nicht, wenn nichts kommt oder du nur Kauderwelsch schreibst. Das ist völlig normal.
9. Wenn du fertig bist, halte einen Moment inne, schüttele Arme und Beine aus und nimm ein paar tiefe Atemzüge, um dich wieder zu zentrieren. Dann sieh dir an, was du aufgeschrieben hast.
10. Vielleicht erkennst du Muster in deinen Notizen, oder es fallen dir Schlüsselwörter auf, die etwas bedeuten. Manchmal tauchen Teile eines Satzes im Text auf. Markiere alles, was hervorsticht oder dir wesentlich erscheint.
11. Wenn du diese spirituelle Fähigkeit weiter trainierst, stellst du vielleicht eine wiederkehrende Nachricht oder sich wiederholende Wörter fest. Mit der Zeit entwickelst du eine Art des Schreibens, die du nachvollziehen kannst, und die Nachrichten, die du von deinen Ahnen empfängst, ergeben Sinn.
12. Nach einer Weile werden die Gespräche mit deinen Vorfahren detaillierter, und das automatische Schreiben ist für dich ein einfacher Weg, mit deinen Vorfahren zu kommunizieren.

Wahrsagen

Bei dieser Form der Weissagung siehst du auf eine reflektierende Fläche, um deine Gedanken zu fokussieren. Je entspannter du dabei wirst, desto mehr treten deine übersinnlichen Fähigkeiten in den Vordergrund, und du erkennst Muster oder Bilder. Vielleicht hast du auch eine Vision. Zuweilen tritt die Erkenntnis in Form eines Gefühls ein oder du „weißt" etwas einfach. Das Wahrsagen ist ein weiterer Weg, um mit deinen Vorfahren in Kontakt zu treten und ihnen eine Nachricht zu übermitteln.

PROBIER'S AUS!

Spiegelmeditation

Die meisten Wahrsagespiegel sind schwarz und aus Obsidian, sodass sie kein Bild reflektieren. Auf diese Weise hat der Geist freie Hand und das Unterbewusstsein kann alle Zeichen aus der Geisterwelt „sehen" und „lesen". Für diese Übung verwendest du jedoch einen ganz normalen Spiegel, für optimalen Fokus und volle Klarheit.

1. Setze dich vor den Spiegel und sieh in ihn hinein. Starre dabei nicht und strenge dich nicht besonders an. Entspanne dich einfach und atme tief ein und aus.
2. Bitte deine Ahnen mit Gedanken oder Worten, sich dir mit liebevoller Energie zu nähern. Du kannst dabei um ein Zeichen oder eine Nachricht bitten oder deinen Vorfahren gestatten, dich auf ihre Art zu leiten.
3. Lasse deine Gedanken wandern und sieh weiterhin entspannt nach vorne.
4. Im Spiegel können Muster erscheinen oder du bekommt eine plötzliche Inspiration. Gib jeder Art von Gedanken oder Nachrichten Raum in deinem Geist, ohne sie greifen zu wollen. Sie sollen einfach kommen und gehen.
5. Schreibe dir deine vorherrschenden Emotionen auf und lasse sie zu.
6. Wenn erst einmal nichts passiert, brauchst du dir keine Sorgen zu machen. Für diese Fähigkeit brauchst du Geduld und Übung. Aber es lohnt sich, denn du kannst die Übung immer wieder schnell und einfach anwenden, wenn du willst, dass deine Vorfahren dich führen, schützen und unterstützen.

Mit Erinnerungen arbeiten

Auch wenn du nicht viel über entfernte Verwandte weißt, hast du sicher Erinnerungen an deine unmittelbare Familie wie deine Groß- und Urgroßeltern. Mithilfe eurer gemeinsamen Erlebnisse kannst du dich mit ihnen verbinden. Dafür brauchst du dir nur die miteinander verbrachte Zeit ins Gedächtnis zu rufen und sie wiederzuentdecken. Auch wenn dir dabei wahrscheinlich nicht mehr jedes Detail präsent sein wird: Bestimmt weißt du noch, wie sich der Moment angefühlt hat. Ein guter Ausgangspunkt!

PROBIER'S AUS!

Bewusste Erinnerungen

1. Nimm dir Zeit und schaffe um dich herum eine entspannte Atmosphäre, damit du jeder beliebigen Erinnerung in Ruhe nachgehen kannst.
2. Schließe die Augen und rufe dir die Erinnerung ins Gedächtnis. Achte dabei auf so viele Details wie möglich und nutze alle Sinne. Berücksichtige also auch, was du hörst und riechst, berührst und fühlst.
3. Gib dich dem Augenblick ganz hin und spüre in die Emotionen hinein, die du mit der Erinnerung verbindest.
4. Spiele die Erinnerung in deinem Kopf einige Male durch und genieße dabei das Erlebnis, mit deinen Vorfahren verbunden zu sein.
5. Zum Schluss bekräftige die Erfahrung mit Worten wie: „Indem ich mich an den Moment erinnere, trete ich mit meinen Vorfahren in Kontakt und stärke das Band zwischen uns."

Du kannst die Übung erweitern, wenn du die Erinnerung bereits einige Male durchgegangen bist und sie dir vertrauter ist. Gehe zu einem Augenblick in deiner Erinnerung, in dem du glücklich bist. Dann verharre und halte das Bild an, als ob du bei einem Film oder Video auf „Pause" drücken würdest. Atme kurz durch, und formuliere dann eine Frage oder etwas, das du gerne wissen willst, oder bitte um Begleitung oder eine Erkenntnis, die dir in der Zukunft helfen soll. Dass du dabei von deiner bisherigen Erinnerung abweichst, ist okay. Sie gehört dir, und du kannst sie jederzeit als Portal nutzen, durch das du mit deinen Ahnen Kontakt aufnimmst und sie um Führung bittest.

Wundere dich nicht darüber, wenn du beim ersten Mal keine Antwort bekommst. Bleib entspannt und verharre in der Erinnerung. Manchmal kommt die gewünschte Führung zu einem anderen Zeitpunkt, etwa in einem Traum oder einem Moment plötzlicher Inspiration. Vielleicht wirst du auch auf andere Weise geführt – etwa indem du Heilung oder Trost erhältst, wenn du gerade besonders verletzlich bist. Dann fühlst du dich plötzlich stärker und klarer in deinen Zielen. Oder du hast das Gefühl, dass du genau weißt, was du als Nächstes tun musst, ganz so, als hättest du die Antwort schon die ganze Zeit gewusst. Deine Ahnen werden über viele verschiedene Wege zu dir sprechen. Sei deshalb offen gegenüber der Geisterwelt und vertraue auf deine Intuition.

„Die Weisheit der Ahnen lebt in mir."

Trauminterventionen

Während du schläfst, tritt dein Bewusstsein einen Schritt zurück und überlässt deinem Unterbewusstsein die Kontrolle. In diesem Moment kann dich deine Intuition erreichen. Die Nachrichten, die du in deinen Träumen erhältst, sind oft intensiv und voller Einsichten. Deshalb ist ein Traum das ideale Medium, um nicht nur mit deinen Vorfahren zu kommunizieren, sondern auch von ihnen Heilung und Begleitung zu empfangen.

PROBIER'S AUS!

Darüber-schlafen-Ritual

1. Setze dich an den Bettrand und nimm ein paar tiefe Atemzüge, um deinen Geist zu beruhigen.
2. Nimm in jede Hand einen Amethyst. Der wunderschöne Stein aktiviert dein Stirnchakra, das mit deiner Intuition verbunden ist. Er hilft dir außerdem dabei, Kontakt mit der Geisterwelt aufzunehmen.
3. Schließe die Augen und denke an alles, was dich gerade belastet. Wenn du Heilung suchst, öffne dein Herz und bitte darum. Sprich deinen Vorfahren an, als ob er mit dir im Raum wäre, und sage: „Ich bin offen für dich und deine Führung. Ich bitte dich um deine Hilfe und Heilung in dieser Sache. Leite und inspiriere mich."
4. Lege den Amethyst unter dein Kissen und behalte Stift und Notizbuch bei deinem Bett.
5. Sage: „Ich lasse meine Sorgen los. Ich öffne mich für euch, meine Vorfahren, und vertraue darauf, dass ihr mir zu Hilfe kommt."
6. Atme weiterhin tief ein und aus. Konzentriere dich auf den sanften Rhythmus, das Heben und Senken deines Brustkorbs. Lasse alle Ängste und Befürchtungen los und vertraue darauf, dass du die Hilfe, die du brauchst, im Schlaf erhalten wirst.
7. Notiere nach dem Aufwachen sämtliche Träume, die du hattest. Selbst wenn sie keinen Sinn ergeben, können die Bilder und Symbole darin dennoch Einblicke in die Zukunft geben.

8. Keine Sorge, wenn du dich an die Träume nicht erinnerst. Wiederhole den Vorgang in den darauffolgenden Nächten und schreibe jeden Morgen auf, wie du dich fühlst. Stelle fest, ob sich deine Stimmung, deine Perspektiven oder dein Energielevel in irgendeiner Form ändert.
9. Vertraue darauf, dass deine Ahnen sich deiner Sache annehmen werden. Du hast einen Platz in ihren Herzen. Deshalb werden sie dir die Heilung und Führung geben, die du brauchst, ob im Traum oder indem sie dir heilende Energie senden, während du schläfst.

DAS BRAUCHST DU

Amethyst,
Notizbuch, Stift

Tagebuch-Übung

Überlege, was du bisher über deine Ahnen und die verschiedenen Arten, mit ihnen in Kontakt zu treten, herausgefunden hast. Spürst du die Verbindung zu ihnen? Hast du einen Weg gefunden, mit ihnen zu kommunizieren, der für dich gut funktioniert, und wie fühlst du dich dabei? Ließe sich der Kommunikationsfluss noch verbessern? Denke an die Zeichen oder Nachrichten, die du bisher empfangen hast. Hat sich dein Leben durch deine Arbeit mit der Ahnenmagie verändert? Falls ja, inwiefern?

Worüber würdest du mit deinen Vorfahren gerne sprechen? Erstelle eine Liste von Bereichen, in denen du von der Weisheit deiner Ahnen profitieren könntest.

Wie geht es dir nun, da du weißt, dass du nicht allein bist, dass deine Vorfahren dich umgeben und dir ihre Liebe und Begleitung senden? Notiere stichwortartig deine Gefühle und nutze sie für positive Affirmationen wie: „Ich bin sicher“, „Ich werde geliebt“, „Ich bin nicht allein.“

KAPITEL
DREI

Wie lautet deine Familiengeschichte?

Im folgenden Kapitel geht es um all die Geschichten, die in deiner Familie über Generationen weitergegeben wurden. Um von dir selbst erzählte Storys und darum, was sie für dein Leben bedeuten. Aber auch um Erinnerungen, die in deinen Gedanken zu Narrativen geworden sind. Und dann sind da noch die Geschichten, die sich als Teil deiner Familien-Folklore mit der Zeit weiterentwickelt und ein neues Leben gefunden haben. Du lernst, tiefere Bedeutungen und herausstechende Motive zu ergründen, die Kernbotschaft in ihnen aufzuspüren und sie für eine optimistische Perspektive und Zukunft zu nutzen.

„Die Geschichte meiner Vorfahren fließt durch meine Adern."

Mündliche Überlieferung

Geschichten helfen uns dabei, die Welt um uns herum besser zu verstehen. Immer wieder erfinden wir Storys, um ein Phänomen oder Ereignis in der Natur zu erklären, das wir nicht begreifen. Manchmal sind die Geschichten auch ganz persönlich und nur für Familie, Freunde und unsere Community gedacht. Viele Kulturen haben eine lange Tradition im Geschichtenerzählen. Indem wir unseren Vorfahren lauschten, lernten wir etwas über das Leben und entwickelten uns weiter. Wir hörten von ihren Erlebnissen und von dem, was ihnen glückte oder misslang. Die Erzählungen inspirierten uns und machten uns stärker und selbstsicherer. Sie formten uns und bildeten die Grundlage eines gemeinsamen Wertesystems. Vor allem aber verbanden uns die Narrative eng miteinander.

Die mündliche Überlieferung bewahrte die Familiengeschichte, zeichnete Lebenserfolge auf und ist auch heute noch relevant. Man könnte meinen, dass es im digitalen Zeitalter nur noch um Technologie ginge. Aber auch heutzutage erzählen wir Geschichten. Plattformen wie X, Facebook und Instagram zeigen, was wir zuletzt unternommen haben, wie unser Alltag aussieht und was uns antreibt. In den sozialen Medien gestaltest du ein Narrativ über dich selbst, das andere sehen und auf das sie reagieren. Sprachnachrichten sind ein Kommunikationsmedium, mit dem du Freunden und Familie Geschichten zukommen lässt, die sie jederzeit abhören können. Technik hin oder her: Daran, dass wir uns gegenseitig Geschichten erzählen, um die Welt und unseren Platz darin zu verstehen, hat sich nichts geändert.

Mit der Vergangenheit und dem Wissen im Hinterkopf wie mächtig die Verbindungen zu deinen Vorfahren sind, ist es umso wichtiger, die überlieferten Erzählungen deiner Familie zu kennen. Manche von ihnen sind persönlich und beruhen auf Erinnerungen an tatsächliche Ereignisse. Andere hat sich jemand ausgedacht oder so adaptiert, dass sie Lehren oder Informationen übermitteln. Und einige Storys sind eher subtil, Narrative, die sich mit der Zeit im Unterbewusstsein festgesetzt haben und nun beeinflussen, wie du denkst und fühlst. Du wirst auch auf Erzählungen stoßen, die sich über einen erweiterten Personenkreis verbreiteten und von der Art, wie deine Ahnen lebten, geformt wurden. Es liegt an dir, diese Erzählungen und was sie für dich bedeuten, zu entschlüsseln, sie zu durchstöbern und ihren wahren Kern aufzuspüren. Dabei lernst du die Macht des Geschichtenerzählens kennen und wie du sie nutzen kannst, um deine Realität auszudrücken. Entdecke deine ganz persönlichen Erzählungen, diejenigen, die du in deinem Herzen trägst, und erfahre, wie sie dich leiten und motivieren.

Wie sieht dein Narrativ aus?

Auch wenn du vielleicht denkst, dass du kein Narrativ hast: Bestimmt erzählt man sich auch in deiner Familie mehr als nur eine Geschichte. Tausende von Storys gibt es in deinem Leben, von denen, die du dir selbst erzählst, bis hin zu denen, die du in Gedanken immer wieder durchgehst und mit anderen teilst. Und dann gibt es noch die Kleinode der Familiengeschichte, die schon unendlich oft erzählt wurden. Geschichten gibt es in allen Formen und Farben. Aber was wirklich zählt, ist, was sie mit dir machen. Die Erzählungen, auf die du triffst, haben die Macht, dich zu formen, deine Perspektive zu verändern und sogar dich etwas zu lehren.

„Geschichten sind unendliche Geschenke."

Familienmärchen

Märchen sind ein kulturelles Phänomen: überlieferte Geschichten, urbane Mythen und nicht immer ganz plausible Erzählungen. Ob übersinnlich oder realistisch: Sie sind die Narrative, die wir lieben und die uns geprägt haben, die Teil unserer Gemeinschaft geworden sind. Ob Legenden, Aberglaube oder Altweibermärchen: Sie sind ein wesentlicher Teil unserer Kultur und zeigen uns, wie die Menschen in der Vergangenheit dachten und handelten.

Familienmärchen erfüllen denselben Zweck. Wir kennen und schätzen diese überlieferten Geschichten wie wertvolle Erbstücke und erzählen sie bei jedem Treffen oder Fest erneut. Geschichten wie die von Onkel Karl und seiner magischen Pfeife: Ein Zug daraus genügte, und ein Wunsch ging in Erfüllung. Oder als Tante Frieda ein Rudel wilder Hunde verjagte. Auch wenn die eine oder andere Geschichte etwas ausufert, um den Unterhaltungswert zu steigern (was jeder weiß): Sie haben immer einen wahren Kern. Vielleicht hatte Tante Frieda es mit nur einem Hund zu tun. Fakt ist: Sie war sehr mutig.

Nimmt man die Geschichten auseinander und versucht herauszufinden, was wirklich geschah, geht dabei etwas vom Zauber verloren. Lass deshalb deinen kritischen Geist ruhen und nimm die Geschichte so, wie sie ist. Familienmärchen erzählen dir trotzdem viel über deine Familie und was sie antreibt. Nicht ohne Grund haben manche Narrative die Zeiten überdauert und werden immer weiter überliefert. Liegt es daran, dass sie bestimmte Werte und Überzeugungen vermitteln, die für deine Familie schon immer wichtig waren? Steckt in der Geschichte eine Lektion oder ein Leitprinzip? Sagt die Moral der Erzählung etwas über deine Familie als Ganzes aus? Um der Sache auf den Grund zu gehen, stelle dir folgende Fragen:

- Wer steht im Mittelpunkt der Geschichte?
- Was weiß ich über dieses Familienmitglied?
- Was erzählt die Geschichte über dieses Familienmitglied?
- Endet die Geschichte gut oder schlecht?
- Was kann ich aus der Geschichte lernen?
- Wie geht es mir, wenn ich die Geschichte höre oder erzähle?

Mit den Antworten auf diese Fragen dringst du in die einzelnen Ebenen vor. Du verstehst die Schlüsselthemen und -botschaften und die Überzeugungen hinter der Geschichte.

Erinnerungen

Da sie auf persönlichen Erfahrungen beruhen, sind Erinnerungen besonders mächtige Narrative und dringen tief in unsere Psyche ein. Spulen wir sie immer wieder ab, programmieren sie unser Denken, Fühlen und Handeln.

Mit Erinnerungen arbeiten

Wir alle haben gute und weniger gute Erinnerungen. Bei manchen denken wir an schöne Momente und Zeiten zurück, in denen uns etwas Wichtiges gelungen ist. Uns daran zu erinnern, tut gut, macht uns optimistisch and schenkt uns Vertrauen in unsere Fähigkeiten. Auch schlechte Erinnerungen sind mächtig. Greifen wir immer wieder auf sie zu, werden wir ängstlich und unsicher. Manchmal löst ein Ereignis eine solche Erinnerung aus, von der uns schlagartig jedes Detail wieder einfällt. Je länger wir in ihr verharren, umso stärker beeinflusst sie unser Denken und umso negativer wirkt sie sich auf uns aus.

Bei der Arbeit mit Erinnerungen spielt die Perspektive eine wesentliche Rolle. Vielleicht hat du ein Ereignis völlig anders abgespeichert als ein anderes Mitglied deiner Familie. Wenn du tiefer in die Welt überlieferter Familiengeschichten einsteigst, wirst du feststellen, dass die Perspektive eine bei der Weitergabe des Narrativs ganz entscheidende Rolle spielt und sich ändern lässt, damit du die Kontrolle zurückgewinnen und das Thema positiver gestalten kannst.

PROBIER'S AUS!

Stell dir vor ...

Diese Übung zeigt dir, wie du kreativ mit überlieferten Geschichten umgehen kannst, allein oder gemeinsam mit anderen Mitgliedern deiner Familie (was großen Spaß macht). Dabei erfährst du womöglich Geschichten, die du nie zuvor gehört hast und die dir helfen, deinen Lieben näherzukommen.

1. Suche dir zunächst eine Erinnerung aus. Sie kann aus deiner Kindheit stammen oder ganz frisch sein, von Anfang der Woche. Bei dieser Einführung in die Arbeit mit Narrativen geht es darum, dass du lernst, Geschichten zu teilen und ihre Themen und Kernbotschaften zu verstehen.
2. Wähle eine positive Erinnerung, zum Beispiel als du ein Ziel wie die bestandene Führerscheinprüfung, dein Examen oder eine Gipfelbesteigung erreicht hast. Du kannst auch einen glücklichen Moment wie einen Geburtstag, deine Hochzeit oder einen legendären Urlaub auswählen.
3. Wenn du dich für eine Erinnerung entschieden hast, gehe sie noch einmal durch. Tauche wieder in das Erlebte ein, mitsamt allen Emotionen. Wenn du an einer Stelle angekommen bist, die all das vereint, worum es in dieser Erinnerung geht, halte das Bild an, als hättest du an dieser Stelle auf Pause gedrückt. Bei einer Bergbesteigung wäre es der Moment, in dem du das Gipfelkreuz und somit dein Ziel erreicht hast.
4. Versuche das Bild, das du vor dir siehst, auf ein Blatt Papier zu zeichnen. Du brauchst dabei keine großartigen künstlerischen Ansprüche zu erfüllen. Es geht nur darum, deine Erinnerung zu Papier zu bringen. Wenn es dir lieber ist, kannst du sie auch eher symbolisch darstellen. Sei so kreativ, wie du willst, und genieße den Vorgang, den schönen Moment aus deinem Gedächtnis wiederzugeben.
5. Wenn du fertig bist, schreibe auf die Rückseite des Blattes: „Dies ist eine Geschichte über ...". Ergänze die Leerstelle. Du hast nur einen Satz. Fasse deine Erinnerung also kurz zusammen.

6. Suche dann nach einem Schlüsselwort, das ausdrückt, wobei es in dieser Erinnerung für dich geht. Das ist manchmal nicht ganz einfach. Unser natürlicher Instinkt verlangt von uns detaillierte Angaben. Sei deshalb streng mit dir selbst. Das Wort könnte ein Gefühl wie „Freude“ oder „Aufregung“ sein oder sich auf das Erlebnis beziehen („Abenteuer“, „Freiheit“). Was du auswählst, entscheidest du allein. Dies ist die Kernaussage des Narrativs.
7. Wenn du mit anderen Familienmitgliedern arbeitest, kannst du an diesem Punkt auch Bilder austauschen und deine Mitstreiter raten lassen, worum es in deiner Geschichte geht, ohne ihnen zu zeigen, was du geschrieben hast. Vielleicht macht es euch Spaß, euch auf diese Art gegenseitig Geschichten zu erzählen und etwas übereinander zu erfahren. Wenn deine Gesprächspartner dann einen Tipp abgegeben haben, worum es in deiner Erinnerung geht, zeige ihnen, was du geschrieben hast, und erzähle ihnen die Einzelheiten.
8. Wenn du dein Bild fertig und die Kernaussage des Narrativs benannt hast, kannst du damit arbeiten und sogar die Botschaft zum Positiven hin ändern.

DAS BRAUCHST DU

Jede Menge Papier und Stifte

Deine Geschichte ändern

Du kannst aus einer negativen eine positive Geschichte machen. Dafür brauchst du nur ein wenig kreative Anstrengung und deine Fantasie. Auf diese Weise erlangst du die Kontrolle und holst dir die Kraft zurück.

PROBIER'S AUS!

Storyboard ändern

1. Wähle für diese Übung eine andere Erinnerung als zuvor – eine eher negative: ein Meeting in der Arbeit, das nicht gut gelaufen ist, oder eine Präsentation, die dir deiner Ansicht nach nicht gut gelungen ist.
2. Erstelle aus dieser Erinnerung ein Storyboard, eine Art Ablaufplan. Nimm dir ein Blatt Papier und zeichne in die Mitte einige Quadrate, wie bei einem Comic. Jedes Quadrat stellt eine Stufe der Geschichte dar. Auch hier gilt: Wenn es dir lieber ist, verwende Symbole für die Ereignisse.
3. Notiere unter jeder Zeichnung einen Satz, der beschreibt, was im jeweiligen Quadrat passiert. Im Grunde erzählst du die Story mit wenigen Worten und Bildern. Bleibe dabei ruhig knapp. Es geht nur um das Wesentliche.
4. Jetzt suche ein Wort, das die Erinnerung beschreibt, wie in der vorherigen Übung.
5. Gehe die Bilder noch einmal durch. Wenn du beim letzten angekommen bist, denke noch einmal an die von dir definierte Kernbotschaft. Sie soll durch den Schluss nochmals verstärkt werden. Wenn du also am Ende deiner Erinnerung das Gefühl hast, etwas ist schiefgegangen, zeige es durch deinen Gesichtsausdruck oder ein Symbol.
6. Dann sieh dir die Story erneut an und denke dabei an die Kernbotschaft. Mit welchem Wort könntest du sie positiver machen? Wenn deine Erzählung bei dir zum Beispiel Furcht auslöst, könntest du „Furcht" in „Mut" oder „Selbstsicherheit" ändern.
7. Schreibe die neue Kernbotschaft auf die Rückseite des Blattes.
8. Erzähle die Geschichte jetzt noch einmal, mit der neuen Kernbotschaft im Hinterkopf. Beginne die Story mitdenselben Kästchen. Wenn du aber

an den kritischen Punkt der Erinnerung kommst – den, an dem sich die Geschichte in jede beliebige Richtung bewegen könnte –, zeichne neue Kästchen mit anderen Bildern, die der neuen Kernbotschaft entsprechen.

9. Du kannst dir so viele Alternativen für das Ende deiner Geschichte überlegen, wie du willst, bis du glücklich damit bist, wie sie ausgeht. Wichtig dabei ist nur, dass das Ende die neue positive Kernbotschaft vermittelt.
10. Sieh dir die neue Version der Erinnerung mehrmals an. Sage das Narrativ laut auf und gehe es in Gedanken durch, aber mit dem alternativen Ende. Aktiviere dabei alle Sinne und spüre wirklich in jede Emotion hinein, um die Erinnerung so real wie möglich zu machen.
11. Formuliere zum Schluss aus deiner neuen Kernbotschaft eine Affirmation, die du den ganzen Tag über wiederholst. Hast du beispielsweise „Furcht" in „Mut" geändert, sage zu dir selbst: „Ich bin voller Mut und Stärke."
12. Nimm dir jeden Tag ein wenig Zeit, um mindestens einmal durch die Story zu gehen, mit so viel Gefühl wie möglich.

DAS BRAUCHST DU

Jede Menge Papier und Stifte

Erinnerungen und Erzählungen deiner Vorfahren

Nachdem du die letzte Übung mit einer deiner eigenen Erinnerungen ausprobiert hast, kannst du den Prozess nun mit einer der seit Generationen überlieferten Erzählungen wiederholen. Das funktioniert besonders gut, wenn die Geschichte kein gutes Ende nimmt. Vielleicht hast du gehört, dass dein Urgroßvater die meiste Zeit seines Lebens bitterarm war. Das ist traurig und hat womöglich deine Sicht auf Geld und wie du damit umgehst geprägt. Man könnte sich bei einer solchen Story vor allem darauf konzentrieren, wie schwer es der Vorfahre hatte. Du kannst sie jedoch ebenso gut ins Positive drehen. Die Wirklichkeit wirst du damit zwar nicht ändern, arbeitest jedoch die positiven Aspekte des Narrativs heraus.

PROBIER'S AUS!

Ein Tag im Leben

1. Schreibe auf ein Blatt Papier einen Absatz über den Alltag deines Ahnen. Du brauchst dafür nicht seine gesamte Lebensgeschichte zu kennen. Überlege einfach, wie sein Tag wohl ausgesehen hat. Beginne mit dem Aufstehen, beschreibe seine Umgebung und berichte dann über die täglichen Sorgen.
2. Denke auch an die Menschen, mit denen dein Vorfahre zusammenlebte, und was dieses Umfeld für ihn bedeutete.
3. Wenn du deine kurze Erzählung fertiggestellt hast, lies sie noch einmal durch und denke über die Schlüsselmotive nach, die sich durch deinen Text ziehen. Vielleicht bist du verzweifelt oder frustriert, weil es deinem Vorfahren so schlecht ging und er sich so hilflos fühlte.
4. Schreibe nun ein paar Wörter auf, die du mit diesen Motiven verbindest: „Verzweiflung", „Angst" oder „Ärger".
5. Ersetze die Wörter dann durch positive Alternativen, zum Beispiel „Verzweiflung" durch „Hoffnung", „Angst" durch „Selbstvertrauen" und „Ärger" durch „Tatkraft".
6. Nun hast du bereits drei sehr unterschiedliche Motive, mit denen du arbeiten kannst und die noch immer relevant für deine Erzählung sind.
7. Gehe erneut durch deine Geschichte und ergänze sie um das Prinzip der „Hoffnung". Stelle dir vor, wie dein Vorfahre jeden Tag hoffnungsvoll aufwachte, bereit, sich seinem Tag zu stellen. Denke an das „Selbstvertrauen", das er sicher hatte, um damals überleben zu können, und auch an seine „Tatkraft", die ihn zum Weitermachen antrieb.

8. Schreibe den Text neu und verwende dabei die positiven Motive. Lies ihn dann laut vor.
9. Auch wenn du an der Story nicht viel geändert hast, kannst du sie jetzt dennoch mit anderen Augen sehen, unter einem positiveren Blickwinkel. Die Schwierigkeiten sind noch immer da, aber auch das Schöne. Es hilft auch dir, dein Leben optimistischer zu sehen.

DAS BRAUCHST DU

Ein Blatt Papier und einen Stift

„Ich schreibe meine eigene Erzählung."

Erzählungen von früher

Geschichten von früher sind wie deine eigenen Erinnerungen und beruhen auf Erzählungen, die man seit Jahrhunderten von einer Familie zur anderen weitergegeben hat. Mit der Zeit haben sich die Geschichten weiterentwickelt. Schlüsselelemente haben sich geändert. Die Erzählung von heute hat vielleicht mit dem Original nicht mehr viel zu tun. Aber das macht nichts. Der wahre Kern ist noch immer vorhanden und du kannst durch diese Geschichten viel über deine Vorfahren erfahren und deine Verbindung zu ihnen intensivieren. Jede Familiengeschichte ist ein Schatz, denn sie gibt dir die Möglichkeit, deine Abstammung zu ergründen und aus den Familienbanden für dich Stärke und Kraft zu gewinnen. Hier ein paar Tipps, wie du aus den Familiengeschichten das meiste für dich herausholen kannst.

Schreibe dich selbst in die Story

Wenn wir Geschichten über andere hören, entsteht eine Verbindung zu ihnen, unabhängig davon, ob sie mit uns verwandt oder fiktionale Charaktere sind. Das gilt insbesondere dann, wenn wir uns mit Teilen ihrer Persönlichkeit oder Situation identifizieren. Indem sie Charaktere erfinden, in die man sich hineinversetzen kann, machen sich Schriftsteller diese Tatsache zunutze. Sie fesseln dich mit ihrer Story so sehr, dass du meinst, ein Teil von ihr zu sein und alles hautnah mitzuerleben. Dasselbe funktioniert auch mit den mündlich überlieferten Erzählungen. Denke dich einfach in sie hinein. Schlüpfe in die Rolle deines Vorfahren. Du bist die Hauptperson. Die Handlung dreht sich um dich. Wie fühlst du dich dabei? Was würdest du tun?

Top-Tipp

Am besten schreibst du die Geschichte aus deiner Sicht, mit dir als Ich-Erzähler. So wirst du selbst zu deinem Vorfahren und berichtest über die Geschehnisse aus deiner emotionalen Perspektive und mit allen Sinnen.

Nimm Geschichten auf

Eine Geschichte zu lesen ist eine Sache. Sie aber erzählt zu bekommen, ist eine völlig andere Erfahrung. Emotionale Feinheiten lassen sich am besten transportieren, wenn jemand spricht und einen Text lebendig werden lässt. Nimm deshalb wann immer möglich die wesentlichen Erzählungen deiner Familie auf. Du kannst entweder Familienmitglieder aufzeichnen, die gerade eine Story mit dir teilen, oder deine eigene Version laut aufsagen und dich selbst aufnehmen. Das hilft dir auch dabei, dich mit dem Narrativ und der zugrunde liegenden Botschaft zu identifizieren.

Top-Tipp

Teile deine Erzählung in einzelne Kapitel auf: einen Anfang, in dem du Ort und Kontext lieferst, einen Mittelteil mit der Haupthandlung und ein Ende, das alles zu einem runden Abschluss bringt. Wenn du fertig bist, lies den Text einmal laut vor, bevor du mit der Aufnahme beginnst. Tu so, als ob du auf der Bühne und vor einem Publikum sprechen würdest. So machst du mehr aus der Geschichte und sorgst außerdem für guten Klang.

> „Die Geschichten meiner Ahnen berühren meine Seele.“

Feiere die Erzählungen

Jede Geschichte ist ein Geschenk. Selbst die düsterste Erzählung enthält ein Körnchen Wahrheit oder eine denkwürdige Lektion. Belehrende Geschichten geben uns Rat und Führung, berührende helfen uns, Empathie zu entwickeln. Aufheiternde stärken und ermutigen uns in schweren Zeiten. Deshalb schätze jede Geschichte, die du hörst, und ziehe aus jeder etwas für dich heraus. Sage: „Danke für dieses Geschenk", wenn du die Geschichte zu deinem Fundus hinzufügst oder über sie sinnierst. Erzähle sie weiter, wenn du meinst, dass sie auch anderen nützen kann, und arbeite mit ihr, um ihre tiefere Bedeutung herauszufinden.

Top-Tipp

Lies verschiedene Arten von Geschichten. Mit der Zeit wirst du immer besser darin, den wahren Kern in ihnen zu entdecken. Du lernst, wie vielschichtig Narrative sind. Das gilt auch für die Geschichten, die deiner Familie wichtig sind.

Erstelle eine Familienbiografie

Wenn du ein paar Geschichten gesammelt hast, stelle sie alle in ähnlichem Format zu einer Biografie zusammen. Beim Ordnen siehst du, welche Arten von Storys in deiner Familie am beliebtesten sind und welche Motive und Botschaften immer wieder auftauchen. Wie du die Geschichten arrangierst, liegt ganz bei dir. Du kannst sie nach zeitlichen Abschnitten, Personen oder Themen sortieren. Wenn du alle Geschichten zusammen an einem Ort vereinst, hast du so eine Ressource, auf die du immer zugreifen kannst, wenn du Führung brauchst oder die Nähe deiner Ahnen suchst.

Top-Tipp

Halte Platz für eigene Einträge frei. Familiengeschichten sind authentische Dokumente über dein Leben und werden über Generationen weitergegeben. Berücksichtige deshalb bei der Zusammenstellung deiner eigenen Erzählungen, was du den zukünftigen Mitgliedern deiner Familie mitgeben, raten oder übermitteln willst.

Dein eigenes Story-Ritual

Würdige jedes Mal, wenn du eine Geschichte ausgräbst, den Moment mit einem einfachen Ritual, damit sie ihre Kraft enfaltet. Zünde eine Kerze an und erzähle die Geschichte noch einmal oder denke über die Schlüsselmotive nach und was sie für dich bedeuten. Du kannst auch ein paar Worte sagen oder einen Eintrag in dein Tagebuch schreiben.

Top-Tipp

Versuche, das Ritual in deinen Tagesablauf zu integrieren, idealerweise zu einem festen Zeitpunkt. Du könntest dich zum Beispiel am Wochenende in Ruhe hinsetzen und über die zusammengetragenen Geschichten nachsinnen oder an einem bestimmten Abend einen Tagebucheintrag über sie machen.

Gründe eine Erzählrunde

Familiengeschichten zusammenzutragen macht Spaß und man lernt sich dabei besser kennen. Man erzählt sie am besten in Gesellschaft. Warum also nicht gleich zu einer Party einladen oder ein paar der Liebsten zu einer Erzählrunde zusammentrommeln. Das mag formell klingen, ist aber eine entspannte Art, gemeinsam am Lager- oder Kaminfeuer zu sitzen und einander Geschichten von früher zu erzählen. Wie du deine Geschichte erzählst, ist dir überlassen. Manche brauchen Fragen als Gedankenanstoß, andere erzählen am liebsten von sich aus.

Top-Tipp

Bitte deine Gäste darum, einen Gegenstand, der zur Geschichte passt, mitzubringen und ihn in der Mitte des Erzählkreises zu platzieren. Das klappt besonders gut mit Familienerbstücken. Du wählst dann einen Gegenstand aus und der Erzähler nimmt ihn als Aufhänger für seine Geschichte. Ein Erzählkreis eignet sich ganz hervorragend dazu, mehr über deine Familie und Ahnen zu erfahren und gleichzeitig ihre Gesellschaft zu genießen.

Erkenne die Macht des Wortes

Die Geschichten, die wir uns selbst erzählen, haben die größte Kraft. Und wir reden praktisch ununterbrochen mit uns selbst. Es genügt, ein paar Fetzen einer Unterhaltung anderer im Vorbeigehen aufzuschappen. Vor allem aber wiederholen wir in unserem Kopf immer wieder dieselben Narrative. Mithilfe der Meditation kannst du deinen Geist beruhigen und nimmst die inneren Stimmen besser wahr. Frage dich im nächsten Schritt selbst, ob diese Narrative wahr sind und ob sie positive oder negative Sprache einsetzen. Meist konzentrieren wir uns eher auf unsere Fehler und das, was wir falsch gemacht haben. Wir durchleben Gefühle erneut und verwenden Wörter, die wir zu niemandem sonst sagen würden. Wer zu sich selbst immer wieder sagt: „Ich kann das nicht“ oder: „Ich bin nichts wert“ und sich dann in Erinnerungen an Missgeschicke verliert, verstärkt den Gedanken und verwendet negative Wörter.

Top-Tipp

Wenn du das nächste Mal feststellst, dass in deinen Gedanken gerade ein negatives Narrativ abläuft, sage in deinem Kopf klar und deulich „STOPP“. Ändere den Gedanken und ersetze ihn durch etwas Positives. Sei dir der Macht des Wortes bewusst, wenn du sie dir und anderen gegenüber einsetzt.

„Worte stärken mich und bringen mich meiner Familie, der Vergangenheit und der Gegenwart näher.“

Tagebuch-Übung

Lasse all die Geschichten, die du gehört und geteilt und an die du dich während der Übungen in diesem Kapitel erinnert hast, in Ruhe Revue passieren. Wie geht es dir dabei? Verstehst du nun manche Familienmitglieder besser? Fühlst du dich enger mit der Vergangenheit verbunden? Blicke auf deine emotionale Reise. Sind bestimmte Geschichten bei dir besonders haften geblieben? Wenn ja, warum? Manche Narrative bewegen dich mehr, weil du in deinem Leben ähnliche Dinge erfahren hast oder gerade erfährst. Andere Storys berühren dich, weil du dich mit der Hauptperson identifizierst. Manche schenken dir guten Rat, während andere Hoffnung, Selbstvertrauen oder Stärke in dir wecken. Überlege, was dir jede einzelne Erzählung schenkt.

Befasse dich dann mit den Geschichten, die du dir selbst und anderen erzählst. Gibt es welche, die du immer wieder erzählst? Tauchen bestimmte Wörter oder Narrative besonders oft auf? Warum? Wirken sie eher positiv oder eher negativ auf dich? Wie kannst du sie nutzen, um dein Denken und Fühlen zu verändern?

Widme dich zum Schluss einer Geschichte, die du deinen Ahnen hinterlassen willst. Vielleicht hast du schon eine im Auge oder du denkst dir eine über dich und dein Leben aus. Notiere Stichpunkte, die du später kreativ nutzen kannst.

„Die Geschichten, die ich mir selbst erzähle, formen meine Realität.“

KAPITEL
VIER

Wie kannst du selbst mit dem Ahnenkarma arbeiten?

Im folgenden Kapitel befasst du dich mit deinem Ahnenkarma und erfährst, wie du es heilen kannst. Karma kann positiv und negativ sein. Wenn du es kennst, kannst du dich auf einer tieferen Ebene mit deinen Ahnen verbinden und wirklich verstehen, was sie motivierte und welche Kämpfe sie auszutragen hatten. Die dabei entstehende Heilung lässt dich freier entscheiden und bisherige Beschränkungen überwinden. Deine Verbindung zu deinen Ahnen wird stärker. Je mehr du über dich selbst erfährst, desto stärker wächst dein Gefühl der Zusammengehörigkeit.

„Die Träume meiner Ahnen fließen durch meine Adern.“

Was ist Karma?

Bevor du mit deinem Ahnenkarma arbeitest, musst du wissen, welche Rolle es in deinem Leben spielt und was es für dich bedeutet. Der Begriff Karma kommt aus dem Sanskrit und bedeutet so viel wie Tat oder Wirken. Darin liegt die Wurzel von allem: Unsere Gedanken bestimmen unser Tun, das wiederum unter anderem unsere Realität erzeugt. Während es einfach ist, zu glauben, dass man das erntet, was man sät, und das Universum in Form von Karma für eine Art von Gerechtigkeit sorgt, geht es beim Karma in Wirklichkeit um dich: darum, wie du dich fühlst und wie du die Dinge um dich herum wahrnimmst.

Wenn du zum Beispiel das Gute in allem siehst, bist du auch eher gut gelaunt. Andere reagieren positiv auf dich, und was du tust, gelingt. Bist du aber mürrisch und der Meinung, die Welt ist schlecht, achtest du auch nur auf alles Schlechte. Das wirkt sich auf deine Stimmung aus und dein Handeln erzielt eher unerfreuliche Ergebnisse. Wenn du selbst in einem negativen Gemütszustand bist und jemanden triffst, der vor Freude nur so strahlt, wirkt sich dies auf deinen eigenen Blickwinkel aus. Die positiven Gedanken deines Gegenübers, die zu positiven Handlungen führen, fungieren als Katalysator, der in dir eine Veränderung zum Positiven hin auslöst. Hier kannst du Karma bei der Arbeit sehen. Letztendlich geht es dabei um den Austausch von Energie zwischen dir und dem Rest der Welt. Was wir denken und für die Wahrheit halten, beeinflusst unser Handeln und unser tägliches Erleben. Es hat die Macht, nicht nur auf unsere eigene Realität zu wirken, sondern auch auf die der Menschen um uns herum. Karma ist ein immerwährender Kreislauf und etwas, an dem wir stetig arbeiten müssen.

Gutes Karma

Programmiere dich auf gutes Karma, indem du darauf achtest, wie du mit dir und deiner Umwelt umgehst.

PROBIER'S AUS!

Positive Einstellung

Diese Übung hilft dir dabei, positiv zu denken und gutes Karma zu erzeugen.

1. Wenn du das nächste Mal gute Laune hast, beobachte dich selbst. Achte dabei auch auf kleine Dinge, wie zum Beispiel deine Haltung: Wie gehst und sprichst du? Vielleicht fühlst du dich größer oder hast einen federnden Schritt. Oder du bist offener und entspannter und atmest deshalb tiefer.
2. Achte auf die Gedanken, die dir durch den Kopf gehen, und auf ermutigende Wörter in Gesprächen mit dir selbst und anderen.
3. Nimm bewusst wahr, wie du mit deiner Umwelt interagierst. Setzt du deine Sinne stärker ein, um mit deiner Umgebung in Kontakt zu treten?
4. All diese Vorgänge sind ein Ergebnis deines Gefühlszustands. Aber der Prozess geht in beide Richtungen. Du kannst deine Laune auch ändern, indem du die Dinge tust, die du zuvor bei dir festgestellt hast. Wenn du also in schlechter oder pessimistischer Stimmung bist, überprüfe deine Haltung und stelle dich aufrecht hin. Kontrolliere deine Atmung und atme länger und tiefer ein und aus, damit dein Körper gut mit Sauerstoff versorgt ist. Höre auf deine Gedanken und tausche negative gegen positive aus. Setze deine Sinne ein, wenn du mit deiner Umgebung interagierst und lebe im Moment.
5. Gewöhne dir an, diese einfachen Checks immer wieder durchzuführen und auf dich selbst und deine Stimmung zu achten. So programmierst du dich mit der Zeit darauf, anders zu denken, und erzeugst gutes Karma.

Was ist Ahnenkarma?

Beim Ahnenkarma geht es um von deinen Vorfahren übernommene Gewohnheiten, Verhaltensweisen und Überzeugungen, die oft über Generationen hinweg unterbewusst weitergegeben werden. Auch das Ahnenkarma folgt dem Prinzip von Ursache und Wirkung.

Vielleicht meinst du, dass du es finanziell nie zu etwas bringen wirst, weil deine Eltern und Großeltern jeden Tag darum kämpfen mussten, über die Runden zu kommen. Du hast das miterlebt, drehst nun selbst jeden Cent viermal um und denkst eher an das, was du nicht hast, als an das, was du hast. Dein Handeln beruht auf deinen Beobachtungen und Erlebnissen. Aber was du wahrnimmst, entspricht nicht der Realität, sondern ist die Folge deines erworbenen Karmas. Du hast die Dinge für dich akzeptiert, ausgehend von dem, was du über deine Familie weißt. Die gute Nachricht: Du kannst den Kreislauf durchbrechen und mit ein bisschen Arbeit ändern.

Beim Graben in deiner Familiengeschichte entdeckst du, dass dieses Karma schon viele Generationen zurückreicht. Das Leben deiner Vorfahren war schwer. Sie überlebten nur, weil sie hart arbeiteten und nicht aufgaben. Jede Generation übernimmt die Überzeugungen und Gewohnheiten ihrer Vorgänger. Und hier gibt es auch vieles, das man bewundern kann.

Wenn du auf das Leben deiner Ahnen zurückblickst, erkennst du, wie diese Vorstellungen entstanden sind und dass sich die Stärke und das Durchhaltevermögen deiner Vorfahren ebenfalls vererbt haben. Nutze dein Ahnenkarma zur Selbstreflexion. Wenn du die von dir übernommenen Muster und Verhaltensweisen näher betrachtest, erfährst du mehr über dich selbst, deine Familie und deine Wurzeln. Und das schenkt dir mehr Kraft.

Typische erworbene Überzeugungen

Diese Liste hilft dir dabei, erworbenes Karma aufzuspüren. Die folgenden Überzeugungen werden oft innerhalb der Familie weitergegeben.

- Angst vor Veränderung
- Bestimmte Ängste, zum Beispiel vor Hunden oder Gewitter
- Angst vor Autoritäten
- Angst vor etwas, das anders ist
- Angst davor, geliebt zu werden oder sich selbst zu lieben
- Angst davor, verlassen zu werden
- Angst davor, zu wenig zu haben
- Denken, man ist nicht gut genug
- Zukunftsangst
- Glauben, dass man eine Belohnung nicht verdient
- Meinen, dass das Leben immer ein Kampf ist
- Meinen, dass man niemandem vertrauen kann
- Glauben, dass man immer selbst schuld ist
- Glauben, dass man ohne einen bestimmten Menschen oder eine bestimmte Gewohnheit nicht leben kann
- Glauben, dass man anfällig für Süchte ist
- Glauben, dass andere einen nur mögen, wenn man ihren Meinungen und Überzeugungen entspricht
- Glauben, dass man eine bestimmte Sache einfach nicht kann

PROBIER'S AUS

Reflektieren und neu programmieren

1. Nimm dein Tagebuch und sinniere eine Weile darüber, wie es dir mit deiner Familie geht. Überlege, welche Eigenschaften deiner Liebsten du am meisten bewunderst. Denke auch an die Überzeugungen und die Gewohnheiten, die ihr gemeinsam habt. Stechen einige davon besonders hervor? Vielleicht sind deine Geschwister und du besonders ehrgeizig oder ihr geht Konfrontationen eher aus dem Weg und fresst lieber alles in euch hinein.
2. Fasse jede der Gewohnheiten/Verhaltensweisen in einem Satz zusammen und frage dich selbst nach ihren Ursachen. Woher kommt das Verhalten? Wenn du zum Beispiel immer sparen willst, liegt das vielleicht daran, dass du meinst, nie genug zu haben. Im Zentrum dieses Karmas steht der Mangel und mit ihm ein Bedürfnis nach Sicherheit.
3. Hast du die Wurzel des Karmas gefunden, überlege, wie du es schrittweise ändern kannst. Wenn du zum Beispiel glaubst, dass du nie genug Geld hast, suche Wege, dich sicherer zu fühlen. Führe dir zum Beispiel all die Dinge und Menschen vor Augen, die dein Leben bereichern. Auf diese Weise erkennst du, was du hast, und kannst so das Gefühl eines „Mangels" abstellen.
4. Lasse deinen Gedanken freien Lauf, und wenn dir irgendwelche Ideen kommen, schreibe sie auf. Wenn dir nichts einfällt, ist es auch nicht schlimm. Hier geht es um Selbstreflexion und darum herauszufinden, wie dein Ahnenkarma aussehen könnte. Je offener du bist, umso mehr Ideen und Antworten fallen dir mit der Zeit ein.
5. Führe diese Übung monatlich durch, mit jeder Überzeugung oder Verhaltensweise. Nimm dir genügend Zeit, um darüber nachzudenken und zu überlegen, wie du eine Veränderung zum Guten erreichen kannst.

„Ich arbeite hart daran, neue, positive Gewohnheiten zu entwickeln."

PROBIER'S AUS!

Ahnenaltar

Einer der effektivsten Wege, deine Ahnen zu ehren und mit ihrem Karma zu arbeiten, ist ein Ahnenaltar, den du bei dir zu Hause errichtest. Er muss gar nicht besonders groß oder reich geschmückt sein. Er soll einfach nur an deine Vorfahren erinnern. Vor ihm verbringst du Zeit und verbindest dich mit ihnen. Der Altar ist hilfreich bei der Arbeit mit Ahnenkarma und wenn du nach spiritueller Begleitung deiner Ahnen suchst.

DAS BRAUCHST DU

Salbeiöl in einer Duftlampe (oder ein Bund getrockneter Salbei), persönliche Gegenstände, Kristalle, Blumen, Kerze

1. Richte zunächst einen Platz für deinen Altar ein, in einer Zimmerecke, auf einem Beistelltisch, einem Regal oder der Fensterbank.
2. Wähle einen gut zugänglichen Ort und reinige ihn zunächst. Dafür kannst du in einer Duftlampe Salbeiöl verbrennen oder einen Bund getrockneten Salbei anzünden, um den Ort von negativen Schwingungen zu befreien.
3. Dekoriere den Altar dann mit Dingen, die für dich, deine Familie und deine Ahnen etwas bedeuten. Alte Fotos, Bilder und Erinnerungen an gemeinsame Erlebnisse helfen dabei, dich mit geliebten Verstorbenen zu verbinden. Auch Erbstücke eignen sich dafür.
4. Kristalle wie Amethyst und Quarz verstärken die Energie, verbinden dich mit der Geisterwelt und stärken deine übersinnlichen Kräfte.
5. Auch Blumen sind schön auf dem Altar. Sie verkörpern neues Wachstum und ehren deine Vorfahren.
6. Stelle zuletzt eine Kerze auf deinen Altar. Du brauchst sie bei Ritualen, wenn du reflektieren oder dich mit deinen Begleitern verbinden willst.

PROBIER'S AUS!

Altar-Ritual zum Auflösen deines Ahnenkarmas

1. Nimm dir Zeit, in der du ungestört abschalten und ganz im Hier und Jetzt sein kannst.
2. Zünde die Kerze auf deinem Ahnenaltar an und sieh in die Flamme. So bekommst du den Kopf frei. Atme tief ein und aus, damit sich deine Gedanken beruhigen.
3. Betrachte in aller Ruhe die Fotos auf deinem Altar – deine aktuellen und verstorbenen Familienmitglieder, die dein Leben geprägt haben. Denke über jede dieser Personen nach und bedanke dich bei ihnen. Es spielt keine Rolle, ob du sie je getroffen hast oder nur wenig über sie weißt. Hier geht es darum, ihre Anwesenheit und ihren Anteil an dem, wer du heute bist, anzuerkennen.
4. Stelle dir vor, dass diese Mitglieder deiner Familie gerade bei dir sind und den Moment der Reflexion gemeinsam mit dir verbringen. Sage: „Es ist mir eine Ehre, dass du bei mir bist."
5. Lege beide Hände auf dein Herz, atme tief ein und sprich beim Ausatmen einige Dankesworte an deine Vorfahren: dafür, dass sie über dich wachen, für ihre spirituelle Begleitung und für die Begabungen und Talente, die du von ihnen geerbt hast.
6. Richte dich zuletzt an dein Familien-Karma, indem du die Gewohnheiten und Verhaltensweisen, die an dich weitergegeben wurden, annimmst und deinen Vorfahren verzeihst. Selbst wenn du dein Karma nicht genau kennst, sage: „Ich verstehe, dass du nicht mit Absicht gehandelt hast und dass ich dieses Karma von meinen Ahnen erworben habe. Ich bin bereit, dies zu akzeptieren und das Karma loszulassen, damit ich weiterkommen und meine Kraft entfalten kann."
7. Atme tief ein und lösche beim Ausatmen die Kerze.
8. Bleibe noch eine Weile still sitzen und reflektiere über die Übung. Wenn du willst, notiere in deinem Tagebuch, wie du dich fühlst, oder genieße einfach in aller Ruhe diesen heilenden Augenblick.

Heile dein Karma

Überzeugungen, die wir aufbauen, haben eine starke Energie – insbesondere solche, die von außen beeinflusst wurden. Wir tragen sie tief in uns, als Gerüst, das uns Halt gibt. Solange wir uns darin geborgen und geerdet fühlen, ist alles in Ordnung. Schlechtes Karma aber macht das Gerüst zu Fesseln, die sich jedes Mal, wenn wir die Überzeugung absichern wollen, fester zusammenziehen. Wir treten auf der Stelle und kommen nicht weiter. Aber auch wenn die Energie mächtig ist: Du kannst die Wirkung unterbewusster Überzeugungen, die dich unfrei machen, umkehren, indem du eine Visualisierung mit einem einfachen Ritual kombinierst und so die Fesseln löst.

Drei Schritte

Jedes erworbene Muster lässt sich mit drei Schritten aufbrechen. Führe sie jeden Tag durch. Falls du spürst, wie du in alte Gewohnheiten oder Denkweisen zurückfällst, konzentriere dich wieder auf die drei Wörter: anerkennen, annehmen, loslassen.

SCHRITT EINS: Anerkennen

Identifiziere dein Familien-Karma und erkenne es an. Nur wenn du dir seiner bewusst bist, kannst du es beherrschen.

SCHRITT ZWEI: Annehmen

Nimm dein Karma an – und dass du die Macht hast, es zu ändern.

SCHRITT DREI: Loslassen

Führe ein Ritual zum Loslassen deines Karmas durch oder befreie dich einfach beim Ausatmen von ihm. Konzentriere dich darauf, es aus deinem Körper und Geist zu verbannen.

„Ich durchbreche den Kreislauf und löse mich von meinem Karma.“

Negatives Karma loslassen

Kombiniere die reinigende Macht der Visualisierung mit der Kristallmagie und befreie dich so von deinem negativen Karma.

PROBIER'S AUS!

Schneide die Fesseln auf

1. Nimm dir genügend Zeit und Raum für diese Visualisierung. Lege Kissen auf den Boden und setze dich. Atme zunächst einige Minuten lang tief und ruhig, um deinen Geist zur Ruhe zu bringen.
2. Lege Papier und Stift bereit und denke an dein erworbenes Ahnenkarma. Schreibe ein paar Sätze oder Stichworte darüber auf, über die Ursache des Problems und deine Gefühle, zum Beispiel: „Angst vor Veränderungen, fehlende Kontrolle". Falte das Blatt zusammen und lege es vor dich.
3. Nimm den Sodalith in beide Hände. Der heilende Kristall überwindet die Zeit und stärkt die Verbindung mit deinen Ahnen. Zudem gibt er dir Klarheit mit auf den Weg.
4. Schließe die Augen und stelle dir vor, wie du inmitten eines Schutzkreises sitzt. Er kann aus Steinen bestehen oder auf den Boden gezeichnet sein. Überlasse dich nun deiner Fantasie und betrachte den Ort, an dem du dich befindest.
5. Nimm tiefe Atemzüge und spüre die heilende Energie um dich herum. Wenn du nach unten blickst, siehst du, wie aus deinem Körper Fäden aus goldenem Licht aufsteigen und bis in die Ferne reichen. Jeder Faden steht für eine Überzeugung oder ein Verhaltensmuster, das für dich und deine Familie typisch ist. Vielleicht erscheint einer der Fäden stärker als alle anderen, dicker, heller oder andersfarbig. Er repräsentiert das schlechte Karma, das du loslassen sollst.

„Ich schreibe meine eigene Geschichte."

6. Zu deinen Füßen liegt eine silberne Schere. Es ist keine gewöhnliche Schere. Sie glitzert vor heilendem Licht und ist besonders mächtig: Sie kann Karma-Fesseln aufschneiden.
7. Nimm die Schere in die Hand. Wenn du bereit bist, schneide die Karma-Fessel auf. Sieh zu, wie der dazugehörende Lichtfaden vor deine Füße fällt und vom Boden aufgenommen wird.
8. Spüre in dich hinein und erkenne, dass die Fessel gelöst wurde. Vielleicht fühlst du dich leichter und froher.
9. Sage zum Schluss: „Ich schneide Fesseln auf, die mich einengen, und begrabe sie im Boden. Ich durchbreche den Kreislauf mit Licht und Liebe und mit guten Wünschen von oben."
10. Öffne die Augen. Nimm das Papier in die eine und die Schere in die andere Hand, dann schneide es in der Mitte durch. Lasse die Papierteile fallen. Hebe sie dann wieder auf und wirf sie weg.
11. Trage den Sodalith bei dir, um den Heilungsprozess zu verstärken und positiv in die Zukunft zu blicken.

DAS BRAUCHST DU

Kissen, Papier und Stift, Sodalith-Kristall, Schere

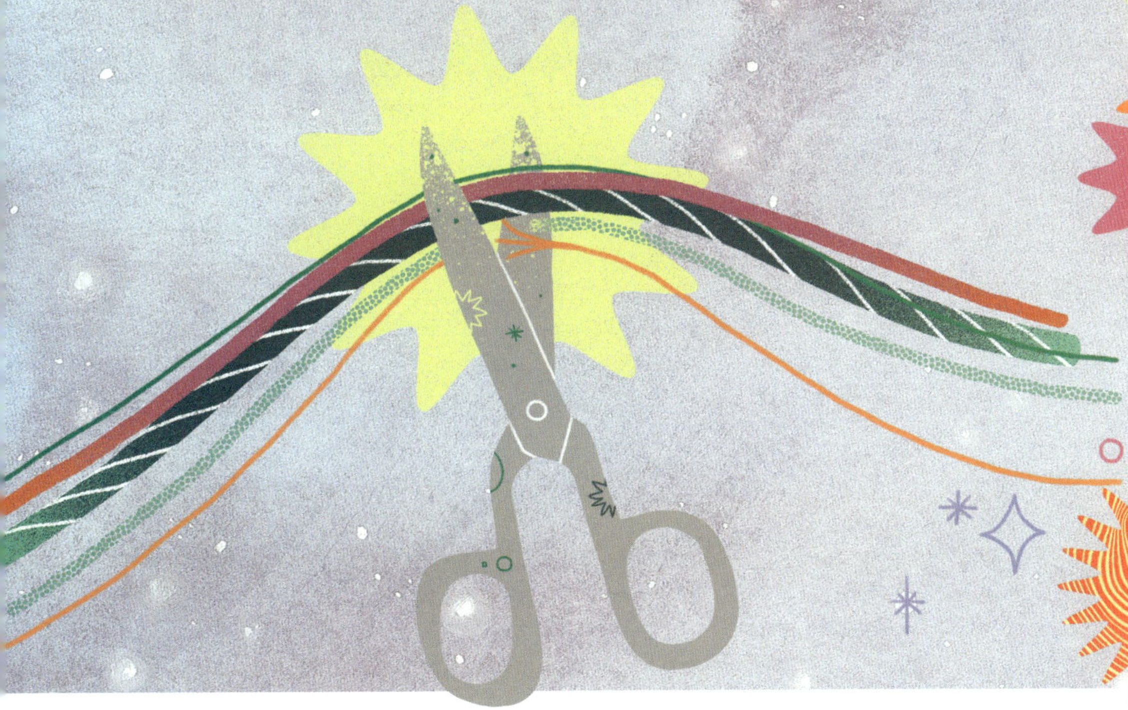

Ahnenkarma-Meditation

Bewusst atmen kannst du immer und überall. Es hilft dir dabei, dich ins Hier und Jetzt zu versetzen, dich wieder zu refokussieren, wenn du in negative Gedankenmuster zurückfällst, und dein Ahnenkarma weiter zu heilen.

PROBIER'S AUS!

Atemübung

1. Konzentriere dich auf deine Atmung, das sanfte Heben und Senken deiner Brust, den Weg, den jeder Atemzug nimmt, während du durch die Nase einatmest.
2. Folge dem Atem weiter bis in die Lunge. Beobachte, wie sich Brustkorb und Bauch weiten, während sich deine Lunge ausdehnt.
3. Lasse den Atem langsam durch den Mund hinausströmen und beobachte, wie sich dein Bauch dabei entspannt. Betrachte den Vorgang als kontinuierlichen Kreislauf, der Körper und Geist Energie schenkt.
4. Zähle beim Einatmen im Kopf langsam bis vier, ebenso beim Ausatmen.
5. Wiederhole den Rhythmus ein paar weitere Atemzüge lang. Dann verlängere ihn, indem du beim Ein- und Ausatmen bis fünf zählst.
6. Konzentriere dich nun auf deine Füße und darauf, wie du dastehst. Spüre den Boden unter deinen Füßen und wie er dich trägt. Stelle dir vor, wie bei jedem Einatmen unsichtbare Energiebänder aus den Sohlen deiner Füße schlüpfen und dich fest mit der Erde verbinden. Fühle, wie sie leicht an dir ziehen, während sie dich fest an Ort und Stelle halten.
7. Jedes Mal wenn du einatmest, nimmst du aus dem Boden erdende Energie auf, die über deine Füße und Beine bis zu deinem Bauch und deinem Brustkorb hochsteigt.

8. Jedes Mal wenn du ausatmest, gibst du diese Energie als positive Energie frei.
9. Atme mindestens fünf Minuten lang weiter. Bleibe konzentriert und verfolge die Reise jedes Atemzugs bis hin zu deiner Verbindung mit der Erde.

„Mein Ahnenkarma motiviert mich dazu, mein bestes Selbst zu sein."

Karma als Geschenk

Jede Art von Karma ist wichtig. Es bietet die Möglichkeit, etwas über dich selbst zu lernen, und bringt dich auf spiritueller Ebene voran. Mithilfe von Zaubersprüchen kannst du mit negativem Karma arbeiten und es auflösen, damit du mit einer positiven Einstellung weiterkommst.

PROBIER'S AUS!

Karma-Kerzen-Zauber

DAS BRAUCHST DU

Zwei gleich große Stumpenkerzen (eine schwarze und eine weiße), Meersalz

1. Bei abnehmendem Mond funktioniert dieser Zauber besonders gut. Aber auch bei Vollmond fördert er deinen Heilungsprozess.
2. Stelle die schwarze und die weiße Kerze nebeneinander auf deinen Ahnenaltar (siehe Seite 82) oder auf einen Tisch. Zünde beide Kerzen an.
3. Streue einen Kreis aus Meersalz um beide Kerzen. Meersalz ist für seine schützenden und reinigenden Eigenschaften bekannt.
4. Nimm mit den folgenden Worten jede Art von Karma an: „Ich akzeptiere den immerwährenden Kreislauf des Karmas. Mein Karma ist ein Geschenk, aus dem ich lernen und an dem ich wachsen kann."
5. Sieh zu, wie die Flammen größer werden. Die schwarze Kerze steht für schlechtes Karma. Die weiße Kerze symbolisiert Licht und neues Wachstum. Gemeinsam schenken sie Gleichgewicht.
6. Atme tief ein und lösche beim Ausatmen die schwarze Kerze.
7. Sage: „Ich schneide alle Fesseln auf, die mich einengen. Ich akzeptiere das Licht und lasse es hell leuchten."
8. Nun blase die weiße Kerze aus.
9. Sage: „Ich gehe voran und lasse die Vergangenheit los."
10. Verharre noch einen Moment in deinen Gedanken. Visualisiere eine Flamme in deinem Brustkorb, die mit jedem Atemzug größer und heller wird.

Weitere heilende Helfer

Diese Kristalle, Kräuter und Düfte helfen dir, dich noch enger mit deinem Ahnenkarma zu verbinden und deine Heilung zu verstärken.

Kristalle zum Mitnehmen und Meditieren

- Achat
- Amazonit
- Amber
- Opalit
- Sodalith
- Sonnenstein

Kräuter und Pflanzen

Verbrenne sie in einer feuerfesten Schale oder übergieße sie mit heißem Wasser und inhaliere das Aroma der Pflanzen.

- Aloe Vera
- Basilikum
- Rosmarin
- Salbei
- Thymian
- Vetiver

Ätherische Öle und Räucherwerk

Verbrenne Räucherwerk oder ätherische Öle in einer Duftlampe oder gib sie in dein Badewasser.

- Bergamotte
- Schwarzer Pfeffer
- Eukalyptus
- Weihrauch
- Lavendel
- Pfefferminze

„Licht und Liebe schenken mir Heilung."

Weitere Tipps für deine Heilung

Ahnenkarma baut sich über viele Jahre hinweg auf, und es aufzulösen, ist ein laufender Prozess. Die folgenden Tipps fördern deine Heilung zusätzlich.

Sei gut zu dir

Sei gut zu dir selbst. Hadere nicht mit dir, wenn du wieder in alte Gewohnheiten zurückfällst. Sieh stattdessen lieber das Positive und alles, was du bereits geleistet hast und noch leisten wirst. Sage dir: „Ich mache es gut und werde weiterhin erfolgreich sein." Übe auch Nachsicht mit deinen Ahnen. Ihr Leben fand in einer anderen Zeit statt und ist mit deinem nicht vergleichbar. Verurteile sie nicht für irgendwelche Gewohnheiten oder Überzeugungen, die sie weitergegeben haben, sondern versetze dich lieber in ihre Lage und überlege, wie sie wohl mit ihren Herausforderungen umgegangen sind.

Sei geduldig

Gib dir Zeit und Raum zum Atmen. Für das Loslassen von Ahnenkarma gibt es keine schnelle Lösung. Mit dir selbst geduldig zu sein, bedeutet, dass du den Prozess ernst nimmst. Hilfreich ist auch, dir für deine aktive Heilung einen festen Termin pro Woche freizuhalten, etwa am Freitag, bevor du gedanklich im Wochenende bist.

Sei achtsam

Bleibe im Fluss. Manchmal hast du viel Energie und bist gut gelaunt. Ein anderes Mal bist du nicht ganz auf der Höhe und verletzlich. Gehe auf deine Stimmung und deine Emotionen ein. Du solltest nicht an einer Familiengewohnheit arbeiten, wenn du müde oder verwundbar bist. Wenn du deine Gefühle aufmerksam wahrnimmst, beschleunigst du den Heilungsprozess, weil du im natürlichen Rhythmus deines Körpers bleibst.

Sei freudig

Genieße den Prozess. Es mag seltsam klingen, aber mit deinem Ahnenkarma zu arbeiten, bringt dich deinen Vorfahren näher. Es kann Freude machen, dich auf einer tieferen Ebene mit ihnen zu verbinden. Du lernst mehr über deine Ahnen und dich selbst und kannst dich besser in sie hineinversetzen. Auch wenn du sie nicht kanntest: Wenn du in Ruhe darüber nachdenkst, wer sie waren und welche Gewohnheiten sie mit dir gemeinsam hatten, kannst du dich besser mit ihnen verbinden. Du fühlst dich sicher und ruhst in dir. Wenn du deine Wurzeln kennst, kannst du sie stärken.

Sei proaktiv

Schreibe deine Reise auf. Womöglich meinst du, dass du keine Fortschritte machst, obwohl du bereits weit gekommen bist. Wenn du regelmäßig Tagebuch führst, kannst du zurückblicken und sehen, was dir bereits gelungen ist. Du kannst auch über deine Ahnen reflektieren und dich mit ihnen verbinden. Nimm deine Erfolge proaktiv an, etwa wenn du einen großen Sprung nach vorne gemacht hast. Feiere aber auch weniger sichtbare Erfolge, zum Beispiel wenn du dir dein Karma bewusst gemacht hast und es annehmen kannst. Klopfe dir selbst auf die Schulter und lobe dich: „Ich bin gut!"

Sei positiv

Finde positive Affirmationen für dein Ahnenkarma. Hast du zum Beispiel aufgrund einer der an dich vererbten Überzeugungen Angst vor Veränderungen, drehe den Spieß um und sage: „Ich begrüße Veränderungen und bleibe im Fluss.“ Selbst wenn es (noch) nicht stimmt: Wenn du es jeden Tag bekräftigst, handelst du schon bald danach.

Sei im Hier und Jetzt

Ruhe oder besonders viel Heilung findest du bei deinem Ahnen-Altar. Verbinde dich an diesem heiligen Ort mit deinen Ahnen und verbringe eine schöne Zeit. Es tut gut, einfach stillzusitzen, dankbar zu sein dafür, wer wir sind, und die Batterien von Körper und Geist neu aufzuladen.

Sei nachsichtig

Mache die Vergebung zu deiner Superkraft. Ganz gleich, was du über dein erworbenes Ahnenkarma gelernt hast: Einer der besten Wege, um loszulassen und voranzukommen, ist zu vergeben. Sei nachsichtig gegenüber denen, die vor dir da waren. Denn genau wie du haben auch sie manche Überzeugungen und Verhaltensweisen erworben, die ihnen kaum bewusst waren. Vergib ebenso dir selbst für das, was du in der Vergangenheit Falsches gesagt oder getan hast. Vertraue darauf, dass du dein Bestes gibst, um gutes Karma zu erzeugen und die Weisheit deiner Ahnen in dir zu tragen.

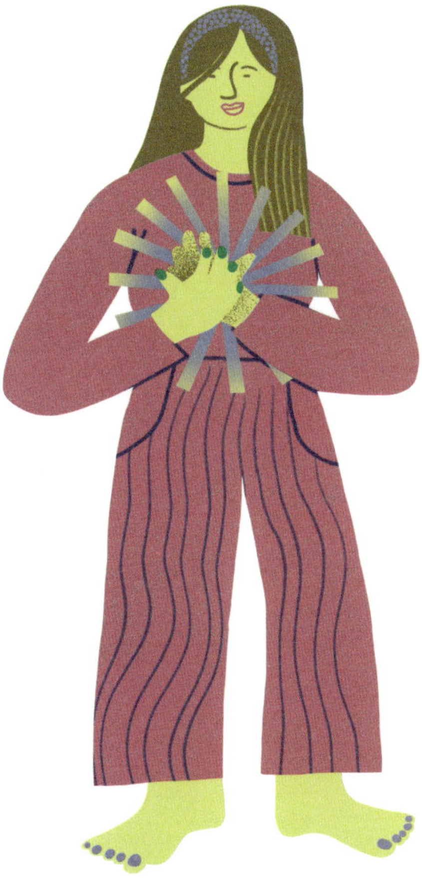

„Die Weisheit meiner Vorfahren erzeugt gutes Karma für die Zukunft.“

Tagebuch-Übung

Überlege, was du über dein Ahnenkarma gelernt hast und wie es dir nach den Ritualen dieses Kapitels geht. Fühlst du dich stärker und leichter? Siehst du klarer? Vielleicht versuchst du immer noch, deine Gewohnheiten und Überzeugungen zu ändern. Es kann eine Weile dauern, bis du dich durch dein erworbenes Karma gearbeitet hast, und es ist ein anhaltender Prozess. Sei nachsichtig mit dir.

Nenne drei Dinge, die dir den Prozess einfacher machen. Du kannst dir zum Beispiel eine kleine Auszeit nehmen, um zu reflektieren und auf deine Gesundheit und dein Wohlbefinden zu schauen, oder dich – ganz praktisch – mit Verwandten austauschen. Notiere diese drei Dinge und alles, was dir sonst noch dazu einfällt, in deinem Tagebuch. Übernimm anschließend ganz bewusst einige der Ideen in deinen Tagesablauf.

Gewöhne dir an, dich jeden Tag zu fragen: „Wie geht es mir heute? Bin ich vorangekommen?“

KAPITEL
FÜNF

Welche Superkräfte hat deine Familie?

Im folgenden Kapitel geht es um die Superkräfte, die du von deiner Familie geerbt hast. Von guten Eigenschaften und Stärken bis hin zu verborgenen Fähigkeiten und Talenten, die mit der Zeit zum Vorschein kommen: Deine Vorfahren haben deine DNA beeinflusst. Das wirst du feststellen, wenn du die Verbindungen mit deinen spirituellen Begleitern stärkst. Du lernst, wie du diese Superkräfte am besten nutzt und wie du jeden Tag mit Ritualen, Techniken und speziellen Affirmationen auf sie zugreifen kannst.

„Ich hole mir Kraft aus der Vergangenheit."

Was ist eine vererbte Superkraft?

Die erste Frage lautet: Was ist eine Superkraft? Eine Gabe, die nicht von dieser Welt ist, den Helden in dir zum Vorschein bringt und dich strahlen lässt? Eine innere Stärke, die dich selbst in schweren Zeiten trägt? Oder eine Fähigkeit, mit der du dir selbst und anderen Menschen Gutes tust?

Eine Superkraft ist all das und mehr. Sie ist nicht direkt eine Zauberkraft, aber dennoch steckt in ihr etwas Magisches: in dem, wie groß dein Talent ist und was du daraus machst. Wenn du zum Beispiel schöne Texte aus dem Ärmel schütteln kannst, wirkt es wie Zauberei. Und schreibst du jemandem ein Gedicht, steckt die Magie nicht nur in deinen Worten, sondern auch in den Gefühlen, die sie beim Empfänger auslösen. Wie du deine Superkraft einsetzt, entscheidet darüber, wie sie sich entwickelt. Nimm sie deshalb genau unter die Lupe, wenn du deine besonderen Gaben identifiziert hast.

Vererbte Superkräfte sind innerhalb der Familie weitergegebene Begabungen, Talente oder Fähigkeiten. Manchmal überspringen sie eine Generation. Und zuweilen muss man etwas tiefer graben, um sie zu finden. Je mehr du über deine Vorfahren und ihr Leben weißt, desto besser kannst du Vergleiche ziehen und versteckte Fähigkeiten bei dir aufdecken. Vielleicht findest du durch Gespräche mit noch lebenden Familienmitgliedern oder eine der Übungen in diesem Buch heraus, dass einer deiner Vorfahren ein talentierter Hobby-Maler war. Das lässt dich aufhorchen, weil Kunst dein bestes Schulfach war oder weil du immer noch hin und wieder gerne ein Bild malst. Oder der Gedanke, etwas zu zeichnen, gefällt dir, obwohl du es noch nie so richtig ausprobiert hast. Die Information über deinen Vorfahren kann genügen, um dein Interesse so sehr zu wecken, dass du ständig daran denken musst. All dies sind Hinweise darauf, dass es sich hier um ein vererbtes Talent handelt.

Auch ein Charakterzug kann eine Superkraft sein. Womöglich findest du heraus, dass dein Vorfahre Geschäftsmann war, aber alles verlor und schließlich bankrott war. Anstatt jedoch aufzugeben, gründete er ein zweites Unternehmen und begann anderswo ein neues Leben. Das spricht für hohes Durchhaltevermögen und große Charakterstärke, mit denen du dich vielleicht identifizieren kannst. Wenn du dich mit deinem Leben und der Art, wie du mit Widrigkeiten umgegangen bist, darin wiederfindest, kann man auch hier mit Fug und Recht von einer Superkraft sprechen, die innerhalb der Familie weitergegeben wurde.

Superkräfte gibt es so viele verschiedene wie Familienmitglieder. Immer wieder begegnet dir bei deiner Reise durch die Ahnenmagie die eine oder andere von ihnen. Von manchen wusstest du bereits. In jedem Fall aber gibt es ein paar einfache Schritte, mit denen du deine Begabungen entdeckst und deinen inneren Superhelden ans Tageslicht bringst.

Praktische Schritte

Wenn du zu wenig Selbstvertrauen hast, erscheint dir das Aufdecken einer familiären Superkraft zunächst als eine sehr schwierige Aufgabe. Womöglich meinst du, keine besonderen Fähigkeiten zu besitzen. Aber mit ein paar praktischen Schritten und etwas Forschergeist wirst du schon bald Qualitäten und Stärken feststellen, die anderen schon längst bewusst waren.

Beginne bei dir selbst

Auch wenn es dir offensichtlich erscheint: Dich selbst zu kennen und zu wissen, wer du bist, ist der Anfang für alles, was mit deiner Familie und potenziellen vererbten Superkräften zusammenhängt. Niemand kennt dich so gut wie du selbst. Das gilt auch für deine Talente und Fähigkeiten, auch wenn es sich für dich seltsam anfühlt, sie anzuerkennen. Unterbewusst weißt du vermutlich, welche Begabungen dir vererbt wurden und wie du sie nutzen kannst, aber wenn du mit der Welt um dich herum zu sehr beschäftigt bist, regiert dein Bewusstsein. Der Weg zu deinen Superkräften liegt in dir.

PROBIER'S AUS!

Wer, was, wo, warum, wann und wie?

Versetze dich in einen Journalisten, der nach Fakten sucht. Bei deiner Recherche gehst du der Wahrheit mit direkten Fragen auf den Grund. Wenn du sie aufrichtig beantwortest, kommst du ans Ziel.

Diese Übung dauert eine Weile. Plane deshalb genug Zeit ein oder beantworte die Fragen eine nach der anderen. Öffne dein Tagebuch und bereite dich darauf vor, die Fragen zu den unten erläuterten Schritten aufzuschreiben. Sieh dabei für jede der Fragen eine Seite vor, damit du ausreichend Platz für deine Gedanken hast. Beantworte die Fragen nacheinander und schreibe jeweils das auf, was dir als Erstes in den Sinn kommt.

1. **Wer bin ich?** Überlege, was dich besonders macht und was dir wichtig ist. Lasse deinen Gedanken freien Lauf und ändere nichts an dem, was du notierst; schreibe einfach deine spontanen Antworten auf.
2. **Was kann ich gut?** Liste alles auf, worin du gut bist: ordnen, zuhören, trösten oder eher praktische Dinge wie schreiben, kochen oder singen.
3. **Wo fühle ich mich am wohlsten?** Zeigst du dich von deiner besten Seite, wenn du im Mittelpunkt stehst, beim Teamwork in der Arbeit oder bei deiner Familie?
4. **Warum fühle ich mich so?** Was bestimmt darüber, ob du gut in etwas bist? Dass du es schon lange machst und deshalb viel Erfahrung und Wissen und dadurch Selbstvertrauen hast? Oder dass dir jemand das Gefühl gibt, etwas wert zu sein, und damit eine deiner besonderen Fähigkeit oder Talente auslöst?

5. **Wann fühle ich mich am stärksten?**
   Welche Tageszeit ist für dich ideal, und wie muss deine Umgebung aussehen, damit du zur Höchstform aufläufst? Vielleicht bist du ein Morgenmensch und brauchst Ruhe, um aufzublühen, oder du bist eine Nachteule, deren Kreativität mit etwas Trubel um dich herum am besten gedeiht.

6. **Wie kann ich diese Informationen nutzen?**
   Für diese wichtige Frage brauchst du mehr als eine Seite. Verwende das, was du gerade herausgefunden hast, um dich deiner Superkraft anzunähern. Denke daran: Jeder Weg beginnt mit dem ersten Schritt. Zunächst geht es nur darum, Selbstvertrauen zu gewinnen, indem du eine Tätigkeit öfter ausübst oder einen Kurs besuchst, um sie auszubauen. Du kannst auch Zeit mit Menschen verbringen, bei denen du dich wohl und gut aufgehoben fühlst, mit Experten für eine Sache, in der du gut bist, oder mit Mentoren. Auch kleine Veränderungen, wie dir Zeit in deinem vollen Terminplan freizuschaufeln, um deine Talente auszuleben, sind wichtig.

Ob du zu den Fragen viel oder wenig schreibst, ist nicht wichtig. Du kannst deine Notizen jederzeit ergänzen. Hier geht es vielmehr darum, die ganze Bandbreite dessen, wer du bist und welche Talente und Begabungen du geerbt hast, aufzudecken. Die Übung ist auch der erste Schritt dazu, dein Potenzial zu erkennen und zu erfahren, wie du das meiste aus deinen Superkräften machen kannst.

Frage Familie und Freunde

Niemand kennt dich so gut wie deine Familie und deine Freunde. Sie helfen dir sicher gerne weiter, wenn es dir schwerfällt, deine Fähigkeiten und Begabungen aufzulisten. Frage, was sie an dir mögen und worin sie deine Stärken und Talente sehen. Setze dabei auch Antworten, mit denen du nicht einverstanden bist, auf die Liste deiner potenziellen Superkräfte. Die Menschen, die uns gut kennen, sind objektiver als wir selbst und sehen oftmals Dinge, die uns entgehen.

Gehe zurück in deine Kindheit

Worin warst du in der Schule am besten? Hole deine alten Zeugnisse hervor und lies nach, was die Lehrer über dich geschrieben haben. Gab es Fächer, in denen du besonders gut warst oder die dir leichtfielen? Auch Bemerkungen, die seinerzeit negativ erschienen, können auf spezielle Fähigkeiten hinweisen. Wenn dein Lehrer zum Beispiel festgehalten hat, dass du ein Plappermaul oder der Klassenclown warst, heißt das, du bist sehr kommunikativ und sorgst für gute Laune.

Denke auch an das, was dir als Kind Spaß machte. Hast du gerne gemalt oder lieber Sport gemacht? Wenn wir in die Vergangenheit blicken und an die Dinge denken, die uns in jungen Jahren wichtig waren, finden wir oftmals Hinweise. Die Zeit und die Anforderungen des Erwachsenseins entfernen uns zuweilen von unserer wahren Bestimmung und verwischen sogar unsere Begabungen. Wenn wir zurückblicken, können wir deshalb die frühen Einflüsse und vererbten Talente erkennen und weiterentwickeln.

Stelle Familienverbindungen her

Sieh dir die Liste der Talente und Fähigkeiten, die du bisher gefunden hast, genau an. Sind einige davon in deiner Familie besonders stark vertreten? Vielleicht bist du sehr gut im Basteln und Handarbeiten, genau wie ein anderes Mitglied deiner Familie. Oder du weißt von deiner Urgroßmutter, dass sie aus allem etwas machen konnte – ein Talent, das du von ihr geerbt hast. Mit hoher Wahrscheinlichkeit erbte deine Urgroßmutter diese Superkraft auch schon von ihren Eltern oder weiter entfernten Vorfahren. Nimm dir für das Ziehen dieser Verbindungen genügend Zeit und fange mit dem an, was du über deine nächsten Verwandten weißt.

„Ich bin stark, talentiert und für alles bereit.“

Ergründe deine Wünsche

Gehe in dich und ergründe deine Wünsche. Wo zieht es dich hin? Was macht dir Freude? Was würdest du gerne tun, wenn du jede Menge Zeit und Geld hättest? Welche Antworten du auf diese Fragen gibst, kann Hinweise auf noch verborgene Fähigkeiten oder zu entwickelnde Talente liefern. Oder du kommst einer Begabung innerhalb deiner Familie auf die Spur. Vielleicht würdest du gerne einmal ein Flugzeug fliegen. Du weißt gar nicht warum, aber du wolltest es schon immer einmal ausprobieren. Wenn du tiefer gräbst, stellt sich womöglich heraus, dass sich dein Urgroßvater sehr für Flugzeuge interessierte – als Ingenieur oder Pilot im Krieg. Nimm alle deine Impulse oder Träume ernst. Sie beruhen oft auf der Wirklichkeit, und es hat immer einen Grund, wenn uns Dinge keine Ruhe lassen.

Baue Ahnenprofile auf

Nutze das, was du über deine Ahnen bereits weißt, um die Verbindungen zwischen euren Fähigkeiten herauszufinden (siehe Seite 104).

PROBIER'S AUS!

Neue Perspektiven

1. Wähle einen Vorfahren aus, über den du etwas weißt, und beschreibe seinen Charakter und wer er war.
2. Schreibe seinen Namen in dein Tagebuch und liste alles auf, was du über ihn weißt.
3. Denke an das, was er mochte und was nicht, und an das, worin er gut war und was ihm Spaß machte. Suche nach Hinweisen auf alten Fotos. Vielleicht hast du eine Aufnahme von ihm in seinem Garten. Das legt nahe, dass er einen grünen Daumen hatte.
4. Berücksichtige auch, welchen Beruf der Vorfahre hatte und was dieser über ihn verrät. Arbeitete er viel mit den Händen? Oder hatte er ein Geschäft und war ein talentierter Kaufmann?
5. Überlege, welche Eigenschaften dein Vorfahre brauchte, um in seinem Bereich gut zu sein. Arbeitete er mit anderen Menschen zusammen? Hatte er Personal oder war er Teil eines Teams? Was sagt das aus über ihn und worin er gut war?
6. Fasse deine Erkenntnisse schriftlich zusammen und kreise dabei Schlüsseleigenschaften, Talente oder Begabungen, die du auch bei dir selbst feststellst, ein.
7. Du kannst diese Übung mit einem anderen Vorfahren oder mit Familienmitgliedern, die du gut kennst, wiederholen. Das hilft dir, die Perspektive zu verändern. Sehr wahrscheinlich entdeckst du dabei Dinge, die deine bestehenden Beziehungen stärken.

„Der Zauber der Vergangenheit segnet meine Gegenwart."

Visualisiere vererbte Begabungen

Deine Ahnenführer unterstützen dich gerne dabei, vererbte Superkräfte zu entdecken. Schließlich haben deine Vorfahren sie an dich weitergegeben, damit du sie nutzt. Da ist es nur konsequent, sie um Hilfe zu bitten. Du kannst sie auf mehrere Arten fragen: indem du sie laut ansprichst, meditierst oder deine Bitte auf einen Zettel schreibst, den du auf den Ahnenaltar legst. Auch sehr effektiv: Sichere dir die Aufmerksamkeit und Unterstützung deiner Ahnen durch eine Visualisierung. Wenn dir die Kontaktaufnahme damit schon einmal gelungen ist, greife auch jetzt wieder darauf zurück.

PROBIER'S AUS!

Reflektiere über den Superhelden in dir

Mache es dir an einem ruhigen Ort bequem. Schalte dein Handy aus und schaffe um dich herum eine entspannte Atmosphäre, etwa indem du Kerzen anzündest, leise Musik laufen lässt oder ätherisches Öl oder Räucherwerk verbrennst.

1. Schließe die Augen und konzentriere dich auf deine Atmung. Nimm ganz bewusst wahr, wie sich dein Brustkorb hebt und senkt. Mache deinen Geist frei, indem du lange und tief ein- und ausatmest.
2. Wenn du so weit bist, beginne mit der Visualisierung (siehe rechts).
3. Achte anschließend erneut auf deine Atmung und gib dir ein paar Minuten Zeit, um wieder anzukommen, indem du deinen Fokus auf das Heben und Senken deines Brustkorbs lenkst.
4. Nimm deine Umgebung allmählich wieder wahr und öffne die Augen.
5. Strecke dich und atme einige Male tief durch die Nase ein und durch den Mund wieder aus.
6. Verbringe mindestens fünf Minuten mit der Visualisierung und notiere alles, was dir besonders aufgefallen ist, in dein Tagebuch. Rekapituliere für dich, was du gelernt hast.

Visualisierung

Stelle dir vor, du stehst vor einer Tür. Sie kann verziert oder eine einfache Holztür sein. Wie sie genau aussieht, entscheidet deine Fantasie. Du drückst die Klinke herunter und betrittst einen hell erleuchteten Raum. Er ist üppig dekoriert. Möbel stehen nicht viele darin, aber in der Mitte siehst du einen frei stehenden Spiegel. Er ist mit einer dunklen Stoffbahn zugedeckt. Du gehst langsam auf den Spiegel zu, bis du vor ihm stehst. Dann nimmst du einen langen, tiefen Atemzug und ziehst die Stoffbahn herunter. Darunter zum Vorschein kommt ein wunderschöner goldener Spiegel. Während du dich in ihm betrachtest, bemerkst du Schatten, die sich um dich versammeln. Sie sind nicht bedrohlich, sondern warm und wohlwollend. Du erkennst in ihnen deine Ahnen. Sie sind gekommen, um dir zu helfen und dir deine Begabungen zu zeigen. Nimm dir einen Moment Zeit, um ihnen für ihr Kommen zu danken.

Kehre dann wieder zu dir und deinem Spiegelbild zurück. Wie siehst du aus? Es kann sein, dass du anders aussiehst als erwartet. Vielleicht trägst du neue Kleidung oder dein Spiegelbild ist verzerrt. Du streckst deine Hand zum Spiegel aus. Während du das tust, schießt ein Lichtstrahl in den Spiegel. Dein Spiegelbild wird klar und vibriert, ganz als ob du gerade deine volle Kraft entfalten würdest. Der Moment ist da, um nach deinen erworbenen Talenten zu fragen. Vielleicht enthüllt dir einer der versammelten Vorfahren eine Begabung oder du hörst eine Stimme. Oder du erkennst in deinem Spiegelbild etwas, das auf deine verborgenen Kräfte hindeutet. Möglicherweise wird dir die Antwort auch ganz einfach plötzlich klar. Öffne dich für das, was zu dir kommt, ganz natürlich. Übe keinen Druck aus und mache dir keine Sorgen, wenn nichts passiert. Manchmal ist die Visualisierung nur der Anfang und die Erkenntnis kommt später, in Form von Zeichen und Synchronizitäten.

Wenn du fertig bist und das Gefühl hast, genug erfahren zu haben, danke deinen Ahnen dafür, dass sie bei dir waren. Decke den Spiegel wieder mit der Stoffbahn ab und verlasse den Raum durch die Tür.

Altar-Meditation

Bei der Meditation gehst du in dich und entdeckst deine Superkräfte. Dein Geist fokussiert sich, deine Gedanken kommen zur Ruhe und du hörst deine innere Stimme. Du allein entscheidest, wie genau du meditierst. Auf jeden Fall aber ist es gut, dabei deine Werkzeuge zu nutzen. Nimm dir also Zeit, dich an deinen Ahnenaltar zu setzen und deine Absicht mitzuteilen. Zünde eine Kerze an und formuliere in wenigen Worten dein Ziel.

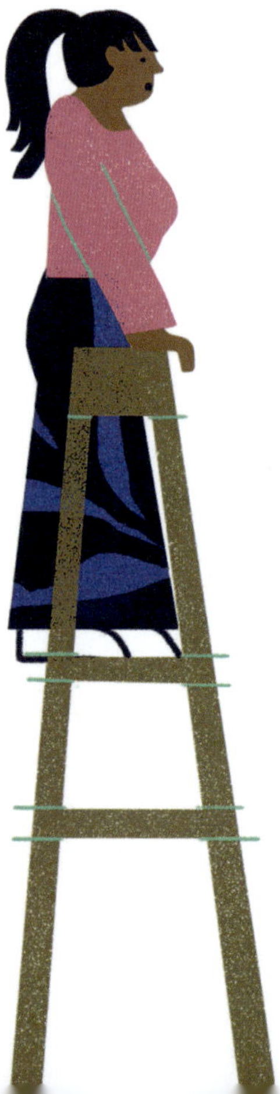

PROBIER'S AUS!

Stillsitzen

1. Bereite den Ort vor und schaffe eine entspannte Atmosphäre. Halte dir außerdem genügend Zeit für diese Übung frei.
2. Tupfe einige Tropfen ätherisches Lavendelöl auf deine Pulspunkte und reibe auch ein wenig davon in die Mitte deiner Stirn, auf dein Stirnchakra. Über diesen Energiepunkt stellst du die Verbindung zu deinem höheren Selbst her und regst den Fluss deiner Intuition an.
3. Mache es dir bequem, auf einem Kissen oder auch gerne auf einer Yoga-Matte.
4. Schließe die Augen und entspanne dich. Rolle die Schultern zurück und nimm den Druck aus deinem Brustkorb.
5. Verlangsame deine Atmung, indem du bei jedem Einatmen zählst. Dann halte den Atem einen Schlag lang an und atme anschließend langsam durch den Mund aus.
6. Konzentriere dich auf dieses Atemmuster und schalte ab. Gedanken, die dir kommen, nimmst du einfach zur Kenntnis und kümmerst dich dann wieder um deine Atmung.
7. An einem bestimmten Punkt der Meditation spürst du, wie sich tiefer Frieden in dir ausbreitet. In dir herrscht völlige Stille. Dein Geist ruht in sich. Nimm den Moment wahr und genieße ihn.
8. Stelle dir vor, du könntest die Zeit anhalten und für immer in dieser tiefen Ruhe verharren. Betrachte sie wie ein weißes Licht, das du in deinem Geist festhältst. Lasse das Licht dich ganz ausfüllen und konzentriere dich einzig und allein auf den tiefen Frieden in dir. Die Welt um dich herum dreht sich weiter, aber du bist von ihr völlig losgelöst.
9. Vielleicht kommen dir Gedanken in den Sinn. Das ist in Ordnung. Es kann auch sein, dass du eine Vision hast oder Stimmen hörst. Lasse die Dinge in deinem Kopf ablaufen.

10. In diesen Momenten völliger Stille ist die Wahrscheinlichkeit am höchsten, dass du deine innere Stimme hörst. Endlich hat deine Intuition genügend Raum, um zu dir zu sprechen. Wenn du von Beginn an fest vorhattest, jegliche Art von Begabungen, die über Generationen weitergegeben wurden, zu erkennen, kommen sie nun ans Licht. Falls es trotzdem nicht klappt, bleibe still sitzen, entspanne dich und genieße den friedlichen Augenblick.
11. Wenn du fertig bist, konzentriere dich wieder auf deine Atmung und zähle jeden Atemzug, wie zu Beginn der Meditation.
12. Nimm allmählich wieder die Geräusche um dich herum wahr, wie den Wind vor deinem Fenster oder den Straßenverkehr. Wenn du so weit bist, öffne die Augen.
13. Stürze dich anschließend nicht gleich in Hausarbeit oder sonstige Aktivitäten. Gib deinem Körper und Geist Zeit, wieder anzukommen. Wir sitzen nur selten wirklich ganz still und gehen in uns. Denke deshalb gründlich über diese Übung nach. Wenn du dich an etwas erinnerst, schreibe es in dein Tagebuch.

DAS BRAUCHST DU

Ätherisches Lavendelöl, Kissen oder Yoga-Matte, Tagebuch, Stift

„Meine Ahnen handeln durch mich."

Kerzen-Zauber

Ein einfacher Kerzen-Zauber kann deinem höheren Selbst eine mächtige Botschaft senden. In ihm hat dein Unterbewusstsein die Oberhand. Deine Intuition wird innerhalb der nächsten Tage wie von selbst auf diesen Appell reagieren und dir Hinweise und Zeichen schicken, die deine vererbten Begabungen verraten.

PROBIER'S AUS!

Vererbte Begabungen

DAS BRAUCHST DU

Weiße Kerze, Nagel, Papier und Stift, feuerfeste Schale

Diesen Zauber wendest du am besten bei abnehmendem Mond an. Er unterstützt dich dabei, in dich zu gehen und Antworten zu finden.

1. Nimm die weiße Kerze und ritze mit der Nadel deine Initialen in das Wachs.
2. Zünde die Kerze an und sage: „Dieses Licht scheint auf meine Seele. Ich bin auf der Suche nach Antworten."
3. Nimm Papier und Stift zur Hand und schreibe: „Welche Gaben habe ich von meinen Ahnen geerbt?".
4. Halte das Papier in die Kerzenflamme, bis es brennt, und lege es dann in die Schale. Warte, bis es zu Asche geworden ist.
5. Sitze ruhig da und beobachte eine Weile die Kerzenflamme. Lasse deinen Geist wandern und deine Gedanken kommen und gehen.
6. Wenn du fertig bist, trage die Schüssel nach draußen und verstreue die Asche im Wind.
7. Wiederhole die Worte von zuvor: „Dieses Licht scheint auf meine Seele. Ich bin auf der Suche nach Antworten."
8. Sei in den nächsten Tagen offen gegenüber jeder Art von Botschaften oder intuitiven Zeichen. Schreibe deine Gedanken auf. Notiere auch deine Träume, denn auch in ihnen können sich Hinweise verstecken.

Werde zum Superhelden

Jeder Superheld braucht anfangs ein wenig Zeit und Übung, bis er zur Höchstform aufläuft, insbesondere wenn er seine neue Superkraft gerade erst entdeckt hat. Das gilt auch für dich. Vielleicht wird dir plötzlich ein neues Talent oder eine Fähigkeit bewusst, die du geerbt hast, aber es wird Zeit und Geduld brauchen, um sie zu entwickeln. Der Schlüssel liegt darin, ein Ziel zu definieren und einen Trainingsplan aufzustellen. Gehe vor wie beim Sport: Zuerst baust du Kraft und Ausdauer auf und formulierst Etappenziele, die für dich gut erreichbar sind.

Wenn du zum Beispiel musikalisches Talent hast, finde als Erstes heraus, welches Instrument zu dir passt, und informiere dich so gut wie möglich darüber. Als Nächstes kannst du Unterricht nehmen. Nach ein paar Monaten planst du dann eine kleine Herausforderung, zum Beispiel Freunden ein Mini-Konzert geben. Hast du dieses erste kleine Ziel erreicht, nimmst du dir größere vor, etwa deine Fähigkeiten weiter zu verbessern und das Gelernte zu perfektionieren. Du kannst auch Mitglied eines Ensembles werden.

Manchmal sind die vererbten Fähigkeiten oder Talente bereits recht fortgeschritten, aber das ist dir nie aufgefallen oder du hast sie aus dem Blick verloren. In diesem Fall kannst du die ersten Schritte überspringen und gleich daran arbeiten, deine Fertigkeiten zu verfeinern. Stelle fest, was du kannst und wie weit du bist. Manche Kräfte liegen eher in deiner Persönlichkeit und äußern sich in deinen Beziehungen zu anderen Menschen. Wenn du zum Beispiel besonders empathisch bist, äußert sich diese Fähigkeit ganz automatisch, und du musst lernen, mit ihr umzugehen.

„Die Gaben, die mir geschenkt wurden, nehme ich dankbar an."

Superhelden-Training

Die Antworten auf die folgenden Fragen und Gedankenanstöße helfen dir dabei, einen Plan aufzustellen, der zu dir und deiner aktuellen Situation passt:

- Was ist deine Begabung?
- Wie viel weißt du über sie?
- Bist du darin kompletter Anfänger oder war sie dir schon eine Weile bewusst?
- Nenne drei Dinge, durch die du mehr über deine Superkraft lernen könntest.
- Kannst du die neue Begabung aktuell in dein Leben integrieren? Hast du zum Beispiel andere Verpflichtungen und müsstest dir Zeit freischaufeln?
- Definiere einen festen Zeitpunkt, zu dem du dich jede Woche näher mit deiner Begabung befasst.
- Kennst du jemanden, der dir bei deiner Begabung weiterhelfen kann? Ein Mentor? Ein Lehrer? Ein Begleiter? Falls nicht, suche nach Möglichkeiten, Gleichgesinnte zu treffen, die dich unterstützen können.
- Wie kannst du deine Begabung fördern?
- Wie können andere von deiner vererbten Superkraft profitieren? Wenn du zum Beispiel mit Zahlen gut umgehen kannst, könntest du eine wohltätige Organisation deiner Wahl mit dieser Fähigkeit unterstützen. Wenn du gut zuhören kannst, wärst du eine prima Verstärkung für eine Hotline oder könntest dich zum Berater fortbilden. Wie du dich entscheidest, hängt davon ab, wie du die vorherigen Fragen beantwortest.

„Ich lasse meinen inneren Superhelden heraus.“

Frage deine Ahnen

Nachdem du entdeckt hast, welche Superkräfte innerhalb deiner Familie vererbt wurden, wende dich nun an deine Ahnen mit der Frage, wie du deine Fähigkeiten am besten entwickelst und nutzt.

PROBIER'S AUS!

Gehe in dich

1. Setze dich an deinen Ahnenaltar (siehe Seite 82) und stelle dir vor, wie du deine Ahnenführer ansprichst.
2. Danke ihnen zunächst für die Begabungen, die du erhalten hast. Dann frage sie, wie du diese Superkräfte am besten nutzt.
3. Schließe die Augen und gehe in dich. Lasse dich von der Stille umfangen. Deine Gedanken kommen und gehen. Versuche nicht, etwas zu erzwingen. Sei ganz entspannt und genieße fünf Minuten Ruhe.

Widme diesem einfachen Ritual jeden Tag etwas Zeit. Danke deinen Ahnen immer wieder und bitte sie um ihre Begleitung. Dann schließe deine Augen einen Moment und lasse die Gedanken fließen.

Vertraue darauf, dass deine Vorfahren dich über deine Intuition leiten, vielleicht durch einen plötzlichen Schubs an Inspiration, eine Idee oder einen immer wiederkehrenden Gedanken, der dich zum Handeln veranlasst.

Tagebuch-Übung

Denke noch einmal über alles nach, was du während der Übungen in diesem Kapitel über dich selbst erfahren hast. Sind dir deine Begabungen und Stärken klarer geworden? Weißt du mehr darüber, wie sie dich mit deinen Ahnen verbinden? Vielleicht fühlst du dich ihnen näher, nachdem du festgestellt hast, dass ihr bestimmte Talente und Charakterzüge gemeinsam habt. Bist du selbstsicherer und gestärkt, weil du die Begabungen anerkennst? Falls nicht, warum nicht?

Erstelle in deinem Tagebuch eine Liste deiner Superkräfte und gehe sie durch. Manche treten stärker hervor als andere, vielleicht, weil du sie im Alltag öfter nutzt oder dir ihrer sicherer bist. Oder man hat dich früher für diese besonderen Talente gelobt und so dein Selbstvertrauen gestärkt. Hebe solche Superkräfte hervor und überlege, warum sie dir wichtig sind. Notiere deine Gedanken dazu.

Blicke dann auf die anderen Punkte auf deiner Liste. Wähle einen aus und setze ihn als Überschrift auf eine separate Seite deines Tagebuchs. Denke darüber nach, wie du diese Begabung fördern könntest. Formuliere praktische Schritte und setze dir ein Zeitlimit. Wenn du zum Beispiel einen grünen Daumen hast und du gerne mehr gärtnern willst, biete deinem Nachbarn an, seinen Garten innerhalb des nächsten Monats zu pflegen und schön anzulegen. Jetzt hast du ein Ziel und einen Zeitrahmen, in dem du es erreichen willst. Spüre anschließend in dich hinein, ob du jetzt über diese Begabung anders denkst.

KAPITEL
SECHS

Was sind deine Familientotems und andere Talismane?

Im folgenden Kapitel geht es um magische Werkzeuge und Techniken, mit denen du auf die Kraft und den Schutz deiner Vorfahren zugreifen kannst. Du lernst, wie du mit deinen spirituellen Begleitern Kontakt aufnimmst, wenn du Stärke, Unterstützung und Ermutigung brauchst, und wie du dich durch die Verbindung zu ihnen auch im Jetzt verankern kannst. Außerdem erfährst du praktische Methoden, um den Kontakt zu deinen Ahnen täglich aufrechtzuerhalten und die Magie in dir zu nutzen.

„Die Schätze meiner Familie stärken unsere Verbindung.“

Ahnenmagie für jeden Tag

Wann immer du Kontakt zu deinen Ahnen aufnimmst, wendest du Magie an. Du bringst Energie auf, um dich mit der Geisterwelt zu verbinden und dein gewünschtes Ergebnis zu erzielen. Die dabei eingesetzten Meditationen und Visualisierungen sind magische Werkzeuge, mit denen du euch enger zusammenbringst. Und es gibt noch viel mehr praktische Aktionen, durch die du mit deinen Ahnen arbeiten kannst. Von der Bitte um ihre Unterstützung und ihren Schutz bis hin zur Mobilisierung ihrer verborgenen Begabungen: Du kannst ihre gesammelte Stärke nutzen, um positive Energie zu erzeugen, die Fülle und Liebe anzieht und sogar das Schicksal deiner Familie verändern kann.

„Ich achte die Werte meiner Familie."

Kaum zu glauben, aber wahr: Wenn du mit ein paar einfachen Tricks und Anpassungen deine Art, zu denken und zu handeln, veränderst, stehen dir alle diese Möglichkeiten jeden Tag offen. Denn bei der Ahnenmagie geht es nicht zuletzt auch um deine Einstellung. Gewöhne dir an, die Techniken und Rituale dieses Kapitels täglich auszuführen, und du bist gestärkt und mit deiner Familie in der Gegenwart und in der Vergangenheit verbunden.

Start in den Tag

Sorge am Morgen für eine positive und magische Stimmung und du bist jeden Tag von morgens bis abends mit deinen Ahnen in Kontakt.

PROBIER'S AUS!

Morgendlicher Zauberspiegel

1. Stelle dich gleich nach dem Aufstehen vor einen Spiegel. Sieh dir selbst in die Augen, lächle und grüße dich wie einen langjährigen Freund.
2. Sage: „Hallo, du Schöne! Ich bin heute ganz offen und bereit, die Stärke meiner Ahnen aufzunehmen. Dafür lasse ich der Magie in mir freien Lauf."
3. Wiederhole die Aussage noch einmal mit Nachdruck. Stelle dir vor, du sendest sie ins ganze Universum. Also sprich laut und stolz! Atme tief durch den Bauch ein und rufe jedes Wort hinaus, als ob du es der ganzen Straße zurufen würdest.
4. Sage die drei Sätze ein drittes Mal, noch entschlossener. Denke dabei über jedes einzelne Wort nach und darüber, was es für dich bedeutet.
5. Lächle und starte in deinen Tag.

Zauber und Rituale

Wenn du tiefer in die Ahnenarbeit einsteigst und mehr über deine Vorfahren herausfindest, entwickelst du Rituale und Techniken, mit denen du dir ihre Kraft zunutze machst. Am Anfang ist dir dieser natürliche Vorgang noch gar nicht bewusst.

Ganz einfache Dinge, wie einen Moment lang innezuhalten und mit deinen Ahnen zu sprechen, als ob sie mit dir im Raum wären, sind Rituale, die oft nebenbei ablaufen. Nach und nach vollziehst du sie ganz automatisch, um die richtige Atmosphäre zu schaffen. Zu diesen Vorgängen gehören auch Zauber. Immer, wenn du dich mit deinen Ahnen verbinden und sie um Begleitung bitten willst, bewirkst du einen Zauber. Du hast eine feste Absicht, die du verfolgst, indem du meditierst, eine Visualisierung machst oder eine Kerze anzündest und deine Fragen niederschreibst. Und wie durch Zauberei glaubst du an das Ergebnis.

Du weißt, dass deine Vorfahren durch deine Intuition zu dir sprechen. Gewissermaßen nutzt du also einen Zauber, um zum Ziel zu kommen. Deshalb ist es so wichtig, Tagebuch zu führen. Wenn du es aktuell hältst und jede deiner Erfahrungen darin aufzeichnest, findest du heraus, welche Rituale und Zauber für dich gut funktionieren. Du erkennst, was du brauchst, damit sie wirken, und wirst mit der Zeit immer sicherer. Nach einer Weile kannst du sie auch neu zusammenstellen und so deine eigenen Zauber und Rituale entwickeln – deine ganz persönliche Ahnenmagie. Schließlich geht es um deine Familiengeschichte und deine Ahnen. Du bist der Mittelpunkt von allem.

Umso wichtiger ist es, dass du dir deine Praxis ganz zu eigen machst. Zudem wirst du mehr gute Ergebnisse erzielen, wenn du die Techniken genau auf dich und deine Familie zuschneidest.

PROBIER'S AUS!

Ritual-Experiment

1. Suche in deinem Tagebuch die Rituale, Techniken und Mantras heraus, die du besonders positiv fandest. War eines davon besonders prägend oder erfolgreich? Kreise es ein und lies dir deine Notizen dazu durch.
2. Stelle fest, was genau dir daran so gut gefallen hat. Welchen Teil davon kannst du übernehmen und wie könntest du ihn so anpassen, dass daraus ein persönlicher Zauber oder ein individuelles Ritual wird?
3. Wähle zwei oder drei Elemente aus allen markierten Praktiken aus und stelle sie zu einem neuen Ritual zusammen.
4. Schreibe jeden einzelnen Schritt deines neuen Rituals auf. Experimentiere dann eine Weile damit und finde heraus, ob alles wie gewünscht klappt.
5. Keine Sorge, wenn nicht alles sofort nach Wunsch läuft. Du probierst nur aus. Bald weißt du genau, was sich für dich gut anfühlt, und arbeitest mit deinen eigenen Zaubern und Ritualen.

„Die Kraft und Weisheit meiner Ahnen umgeben mich Tag für Tag."

Ahnen-Zauber

Die folgenden Ahnen-Zauber machen Spaß und helfen dir bei deiner Reise durch die Ahnenmagie. Du kannst sie ganz einfach in deinen Tagesablauf integrieren. Hier handelt es sich lediglich um Vorschläge – du kannst die Zauber jederzeit an deine Bedürfnisse anpassen oder als Grundlage für deine eigenen Zauber und Rituale verwenden.

PROBIER'S AUS!

Zauber, der Freude schafft

DAS BRAUCHST DU

Kuchenform, Butter zum Einfetten, fertiger Mürbeteig, Früchte nach Wahl für die Füllung, Papier und Stift

Bringe Glück in dein Leben und bitte deine Ahnen um ihre Unterstützung. Dieser einfache Zauber zeigt dir, wie viel Freude es macht, sich mit der Vergangenheit zu verbinden.

1. Backe eine Früchte-Tarte zu Ehren deiner Vorfahren. Fette die Form ein und lege sie mit dem fertigen Mürbeteig aus (behalte etwas davon für den Teigdeckel zurück). Bedecke den Boden gleichmäßig mit der Fruchtfüllung und lege dann den restlichen Mürbeteig als Deckel obenauf. Genieße den Vorgang und sei kreativ. Du kannst zum Beispiel aus dem Teig Verzierungen formen. Widme der Tarte deine gesamte Liebe und Aufmerksamkeit. Es geht nicht um einen perfekten Kuchen, sondern um den schöpferischen Prozess. Backe die Tarte bei mittlerer bis hoher Temperatur 40-45 Minuten lang oder bis sie goldbraun ist.
2. Während der Kuchen im Ofen ist, nimm Stift und Papier und formuliere deinen Wunsch für etwas, das dir Freude schenken soll. Er kann ganz einfach formuliert sein, zum Beispiel: „Ich wünsche mir, dass Glück in mein Leben kommt."
3. Bitte deine Ahnen dafür um ihre Unterstützung: „Helft mir, für alles in meinem Leben dankbar zu sein und an dem, was ich tue, Freude zu haben."
4. Denke dann an all das, was dich in der Vergangenheit glücklich gemacht hat. Spüre, wie die Erinnerungen dich mit Freude erfüllen.
5. Nimm die fertige Tarte aus dem Ofen und lasse sie abkühlen. Iss jeden Tag selbst ein Stück davon und mache daraus einen glücklichen Moment, oder gib dein Stück weiter an jemanden, der dir wichtig ist, und verbreite so Freude und positive Energie.

PROBIER'S AUS!

Zauber, um dich geliebt zu fühlen

Wie eine feste Umarmung deiner Ahnen ist dieser Zauber. Er führt deine Vorfahren zu dir und hilft dir dabei, dich geliebt zu fühlen.

DAS BRAUCHST DU

Kerzen, rosa Blumen und eine Vase, Teelöffel, Mandelöl, eine kleine Schüssel, ätherisches Geranienöl, Kuscheldecke

1. Schaffe zunächst eine liebevolle Atmosphäre. Zünde dafür die Kerzen an.
2. Stelle die rosa Blumen in eine Vase mit Wasser und platziere sie dann auf deinem Ahnenaltar (siehe Seite 82).
3. Gib einen Teelöffel Mandelöl in die kleine Schüssel. Füge drei Tropfen ätherisches Geranienöl hinzu. Es sorgt für Ausgeglichenheit und fördert deine Liebe zu dir selbst. Mische beides langsam mit dem Zeigefinger.
4. Schließe die Augen und massiere ein wenig des Duftöls kreisförmig in die Mitte deiner Brust ein. Dort sitzt dein Herzchakra, das Energiezentrum, das mit unseren Emotionen assoziiert wird.
5. Bitte währenddessen deine Ahnen darum, zu dir zu kommen und dir zu helfen. Sage: „Ohne Vorbehalte gebe und empfange ich Liebe."
6. Hülle dich zum Schluss in die Kuscheldecke ein und spüre, wie ihre Wärme dich umgibt.
7. Stelle dir vor, wie sich deine Ahnen um dich herum versammeln und dich liebevoll umarmen.

„Die Magie meiner Familie fließt durch meine Adern."

PROBIER'S AUS!

Ahnen-Geld-Zauber

Bessere mithilfe deiner Vorfahren deine Finanzen auf und bringe Reichtum zu dir nach Hause.

DAS BRAUCHST DU

Altes Familienfoto, leeres Einmachglas mit Deckel, einige Silbermünzen

1. Lege das Bild – ein Kinderfoto oder eine noch ältere Aufnahme, Hauptsache, es verbindet dich mit der Vergangenheit und deiner Familie – in das Einmachglas.
2. Gib dann eine Handvoll Silbermünzen auf das Foto. Sie stehen für finanziellen Erfolg.
3. Schließe das Einmachglas mit dem Deckel und schüttle es. Sage dann: „Reichtum der Ahnen durch Generationen, das Geschenk des Wohlstands über viele Stationen. Das Geld, das ich brauche, soll nun zu mir fließen, eine schöne Summe sich über mich ergießen."
4. Stelle das Glas an deine Eingangstür.
5. Wirf jedes Mal, wenn du das Haus verlässt, etwas Wechselgeld in das Glas. Wenn du heimkommst, schüttle es und wiederhole den Zauberspruch.

PROBIER'S AUS!

Zauber, um deine Ahnen um ihre Hilfe zu bitten

DAS BRAUCHST DU

Esstisch, Tischtuch, Tischsets, Besteck und Gläser, große weiße Kerze

Stelle dir vor, du veranstaltest eine Dinner-Party für deine Ahnen. Vielleicht hast du dafür schon bestimmte Gäste vor Augen oder nur eine ungefähre Ahnung von den Personen, die später an deiner Tafel sitzen werden.

Durch diesen Zauber verbindest du dich mit der Stärke und Weisheit deiner Ahnen. Wenn du dich allein und verletzlich fühlst, hilft er dir dabei, mit deiner jetzigen und früheren Familie Kontakt aufzunehmen.

1. Decke zunächst den Tisch so wie immer, wenn du Gäste erwartest. Lege eine schöne Tischdecke und Sets auf und richte Besteck und Gläser her. Gib dir viel Mühe bei der Deko, denn deine Ahnen sollen sich willkommen fühlen. Stelle die Kerze in die Mitte des Tischs und zünde sie an.
2. Nimm am Tisch Platz und schenke dir einen Drink ein. Erhebe dein Glas und sprich folgenden Toast: „Herzlich willkommen, du und ihr alle. Ich lade euch ein, zu mir zu kommen. Ich erbitte eure Unterstützung und euren Trost. Mögen sie hier zu spüren sein. Ich öffne dir und euch mein Herz und bitte euch darum, es mir gleichzutun, wir alle gemeinsam als Familie, um die Kerze versammelt."
3. Trinke einen Schluck und genieße die Ruhe.
4. Schließe die Augen und lasse deinen Gedanken freien Lauf. Spüre die Gegenwart deiner Ahnenführer. Wenn du bestimmte Bedürfnisse hast, sprich sie jetzt laut aus.
5. Atme Stärke ein und Ängste aus.
6. Wenn du so weit bist, öffne die Augen wieder und danke deinen Ahnen für ihren Besuch.
7. Zum Schluss löschst du die Kerze.

PROBIER'S AUS!

Ahnen-Glückszauber

Mit diesem Zauber erzeugst du positive Energie und wendest dein Blatt zum Guten.

DAS BRAUCHST DU

Einen Ort im Freien, ein paar Scheiben altes Brot, eine Schüssel oder Tüte, einige Steine

1. Bevor du nach draußen gehst, zerbröselst du das Brot in kleine Teile. Während du die Krümel zwischen deinen Fingern spürst, denke an die vielen Tausend Dinge, mit denen dein Leben gesegnet ist. Denke an die schönen vergangenen und aktuellen Erlebnisse mit deiner Familie und an die vielen wunderbaren Menschen in deinem Leben.
2. Gib die Brotkrumen in eine Schale oder Tüte und gehe ins Freie.
3. Bilde aus den Steinen einen großen Kreis auf dem Boden.
4. Gehe dann im Uhrzeigersinn um den Kreis und verstreue dabei die Brösel. Sage dabei laut oder nur für dich: „Für mich dreht sich des Glückes Rad, wie es das in meiner Familie schon immer tat. Höhen wie Tiefen gehen und kommen zurück und immer wieder finde ich mein Glück."
5. Wenn du alle Krumen verstreut hast, stelle dich in die Mitte des Kreises und konzentriere dich auf deine Atmung. Fühle, wie deine Energie anschwillt, während sich deine Lungen mit Luft füllen. Registriere den Zyklus jedes Atemzugs, den kontinuierlichen Rhythmus des Ein- und Ausatmens und wie alles seine Zeit hat, genau wie das Rad des Lebens und deines Glücks.
6. Denke nun an deine Ahnen und wie sie die Höhen und Tiefen des Lebens gemeistert haben. Vielleicht hatten sie nicht so viel Glück wie du, aber trotzdem fanden sie die Kraft, weiterzumachen, jeden Tag zu begrüßen und im Fluss zu bleiben.
7. Wiederhole den Zauberspruch noch einmal und tritt dann aus dem Kreis heraus.

Finde deinen Talisman

Ein Talisman ist ein Objekt voller spiritueller Kraft und Bedeutung. Er soll seinen Besitzer führen und beschützen und gleichzeitig das Glück anziehen.

Ein Talisman ist meist ein heiliges Objekt von hohem Wert und großer Bedeutung für seinen Besitzer. Talismane sind Glücksbringer, die dir positive Energie schenken sollen. Sie können über Generationen hinweg weitergegeben worden sein, oder sie sind etwas Neues, das du bei dir trägst und das deine Familie repräsentiert. Solange der Talisman für dich etwas Besonderes ist und dich an deine Verbindung mit deinen Ahnen erinnert, wird er seine Kräfte entfalten.

Ahnen-Glücksbringer

Einen Glücksbringer kannst du jederzeit bei dir tragen. Er stellt eine direkte Verbindung zwischen dir und deinen Ahnen her, sodass du dich nie mehr allein fühlst. Schon indem du deinen Glücksbringer in die Hand nimmst, greifst du auf die Energie deiner Vorfahren zu und spürst, wie sie dich fördern und beschützen.

PROBIER'S AUS!

Präsenz, Schutz und Kraft

DAS BRAUCHST DU

Einen kleinen Glücksbringer deiner Wahl, Bergkristall, einen schwarzen Schal, Meersalz

1. Als Erstes brauchst du etwas, das als Ahnen-Glücksbringer infrage kommt. Idealerweise hat der Gegenstand eine direkte Verbindung zu deiner Familie, etwa zu einem nahen noch lebenden oder bereits verstobenen Verwandten. Dafür eignen sich insbesondere kleine Dinge, die du jederzeit bei dir tragen kannst, wie etwa ein Ring oder eine Anstecknadel. Es kann auch ein Familienerbstück sein: eine Taschenuhr oder eine Glücksmünze. Oder ganz einfach etwas, das einer dir nahestehenden Person gehörte.
2. Wenn du dich für einen Gegenstand entschieden hast, reinige ihn von jeglicher Energie, die er noch in sich trägt, und lade ihn dann für dich neu auf. Lege ihn dafür gemeinsam mit dem Bergkristall in die Mitte des schwarzen Schals. Der Kristall hilft dabei, den Gegenstand zu reinigen und wieder mit mächtiger Energie aufzuladen. Streue zum Schutz eine Prise Meersalz darüber und binde den Schal anschließend zusammen. Lege ihn über Nacht auf deinen Ahnenaltar (siehe Seite 82).
3. Am nächsten Morgen nimmst du den Schal vom Altar. Hole den Glücksbringer aus dem Schal heraus und halte ihn in der Hand. Setze dich damit vor deinen Altar. Schließe die Augen und ersuche deine Ahnen um Unterstützung, zum Beispiel mit folgenden Worten: „Ich bitte um eure Kraft und Stärke. Füllt diesen Gegenstand mit eurer Energie, damit ich eure Gegenwart jederzeit spüren und auf eure Weisheit und Gunst zurückgreifen kann."
4. Atme tief ein und übertrage beim Ausatmen all deine positive Energie und deine Absicht auf den Glücksbringer.
5. Wiederhole das Atemmuster noch zwei Mal, um den Gegenstand weiter mit der Kraft deiner Ahnen aufzuladen.
6. Behalte den Glücksbringer von nun an immer bei dir oder lade ihn auf deinem Ahnenaltar auf. Trage ihn zum Schutz und nimm ihn immer dann, wenn du dich verletzlich fühlst, in die Hand.

Totems

Seit Tausenden von Jahren nutzen viele Kulturen Totems. Sie bestehen meist aus einem heiligen Zeichen oder einem Wesen, das eine Gruppe oder einen Stamm repräsentiert. Das symbolträchtige Totem steht für die Überzeugungen und Werte der jeweiligen Gemeinschaft und dient als Band für deren Mitglieder, die wiederum auf das Totem Energie und die Macht, für einen Angehörigen der Gruppe zu wirken, übertragen. Das Totem erinnert die Stammesangehörigen daran, wer sie sind und worauf es ankommt. Gleichzeitig dient es als spiritueller Ankerpunkt, an den die Bitte um Stärke und Schutz gerichtet werden kann.

Ahnen-Totems

Während Totems meist mit einer Gruppe assoziiert werden, können sie auch von unseren Ahnen stammen und jahrhundertelang von Generation zu Generation weitergegeben worden sein. Manchmal gibt es auch Totems für kleinere Gemeinschaften, etwa innerhalb einer familiären Einheit. Auch wenn du denkst, dass deine Familie kein eigenes Totem hat, kann es gut sein, dass ein Zeichen zum Vorschein kommt, wenn du tief genug gräbst und die richtigen Fragen stellst. So erweist sich vielleicht ein bestimmter Ort als wichtig für deine Familie, etwa ein Schloss oder ein historisches Gebäude. Bei weiteren Nachforschungen findest du heraus, dass sich dort früher Mitglieder deiner Familie häufig aufhielten, insbesondere wenn sie Erholung suchten. So entwickelte sich der Ort zu einer Kraftstätte und einem Symbol für Stärke. Das Schloss wurde zum Familientotem und taucht auf verschiedene Weise auf, etwa auf einem Bild oder Foto bei dir zu Hause oder in einem Stück Stein aus der Schlossmauer in deiner Hosentasche. Oder du bist mit dem Ort über ein Narrativ verbunden und kennst viele Geschichten über ihn, die du deinen Familienmitgliedern erzählst. Das Schloss wird zu einem echten Totem, den du bei dir trägst und zu einem Ort, an dem du Kraft tanken kannst.

„Die Fäden, die mich mit der Vergangenheit verbinden, schenken mir Energie."

PROBIER'S AUS

Detektiv spielen

DAS BRAUCHST DU

Papier und Stift, Kerzen, Bilder und Dinge, die dein Totem darstellen

1. Mit ein paar Nachforschungen lässt sich herausfinden, ob deine Familie ein Totem hat. Erinnere dich an das, was du bisher über deine Ahnen erfahren hast. Gibt es Orte, Gegenstände oder Tiere, die in den Geschichten deiner Familie immer wieder auftauchen? Vielleicht hat man dir von ihnen erzählt oder sie sind in Gesprächen immer wieder vorgekommen. Liste sie zunächst auf und notiere dann zu jedem Eintrag, was du darüber weißt.
2. Wie viele Familienmitglieder haben das Totem dir gegenüber oder in Erzählungen erwähnt? Wusstest du schon davon? Schreibe die Fakten auf.
3. Setze dich nun eine Weile an deinen Ahnenaltar (siehe Seite 82). Wenn du magst, zünde Kerzen an und bringe deinen Geist mit einer einfachen Atemübung von Seite 88–89 zur Ruhe.
4. Sieh dir an, was du geschrieben hast, und spüre in dich hinein: Was geht in dir vor, wenn du an diese Orte/Gegenstände/Lebewesen denkst? Was bedeuten sie für dich? Stellen sie eine Verbindung zu deinen Ahnen her? Vielleicht fühlst du dich stärker, froher und energiegeladener, wenn du an sie denkst, oder sie beruhigen dich und bringen dich in deine Mitte.
5. Während du deine Liste durchgehst, ziehen dich bestimmte Einträge stärker in ihren Bann als andere oder fühlen sich besonders gut an. Hier spricht deine Intuition durch deinen Körper und Geist zu dir und teilt dir mit, dass dies dein Familientotem ist.
6. Denke daran, deine Vorfahren um Begleitung zu bitten. Sie werden dir dabei helfen, die Wahrheit zu finden.
7. Wenn du dein Totem ermittelt hast, nimm es in irgendeiner Weise auf deinen Altar auf, zum Beispiel indem du Bilder oder Gegenstände hinzufügst, die dein Totem repräsentieren. Du kannst auch etwas bei dir tragen, das dich an dein Totem erinnert und dich mit seiner Kraft verbindet. Vertraue auf deinen Instinkt und nutze das Symbol, um dir Mut zu schenken und dich deiner früheren und deiner jetzigen Familie näherzubringen.

Totem-Power

Mit deinem Totem erreichst du Ziele und eröffnest dir neue Chancen. Es erinnert dich auch an deine wichtigsten vererbten Charakterzüge und Talente und fördert so Selbstwertgefühl und Zuversicht.

Dein Totem praktisch nutzen

Probiere die folgenden Tipps und Vorschläge aus. So kannst du mit deinem Ahnen-Totem arbeiten:

- Suche nach möglichst vielen Informationen über dein Totem. Lies Bücher, recherchiere im Internet, gehe überall auf die Suche, stelle Fragen und verschaffe dir ein Bild davon.
- Wenn dein Ahnen-Totem ein Ort ist, suche ihn auf und erlebe seine Kraft hautnah. Schaffe dort Erinnerungen, die du hervorholen kannst, wenn du einen Energieschub brauchst.
- Sei kreativ. Greife auf die Energie des Totems zu, indem du deine künstlerische Seite auslebst. Schreibe ein Gedicht oder eine Geschichte, in der dein Totem vorkommt. Lasse dich von ihm dazu inspirieren, ein Bild zu malen oder zu zeichnen. Oder werde für deine Darstellung handwerklich tätig. Warum nicht ein Totem stricken, weben, formen oder nähen?
- Finde einen Musiktitel, der dich an dein Totem erinnert, und lasse ihn laufen. Ab sofort ist dies dein Motiv-Song. Immer, wenn du positive Energie brauchst, rufe dir den Song in Erinnerung und denke an dein Totem und die mit ihm assoziierte Energie.
- Arbeite dein Totem in deine tägliche Meditation ein. Konzentriere dich bei deiner Atmung und während sich dein Geist beruhigt auf ein Bild oder eine Darstellung des Totems. Mache es zum Fokus der Übung und verbinde dich mit seiner Energie.

Schutztechniken

Einer der größten Vorzüge der Ahnenmagie: Sie verankert dich in der Vergangenheit und gibt dir das Gefühl, dazuzugehören und jederzeit geschützt und behütet zu sein. Das verleiht dir große Kraft, vor allem, wenn du gerade besonders verletzlich oder mit Herausforderungen konfrontiert bist. Um dich noch stärker mit der Vergangenheit zu verbinden, gibt es diverse Schutztechniken.

TECHNIK

Lasse deine Wurzeln wachsen

Diese Technik verschafft dir frischen Mut. Vielleicht willst du dich aussprechen, sagen, was du fühlst, eine Situation in den Griff bekommen oder dich einfach sicherer fühlen. Führe die Visualisierung durch, wann immer du eine starke Verbindung zu deinen Vorfahren und Ermutigung brauchst.

1. Stelle oder setze dich hin. Konzentriere dich dann auf deine Fußsohlen. Spüre ihre Verbindung zum Untergrund.
2. Rolle die Füße von der Ferse zu den Zehen und fühle den Boden unter dir.
3. Atme ein und stelle dir dabei kleine Wurzeln vor, die aus deinen Füßen sprießen und tief in die Erde wandern.
4. Beim Ausatmen klettern die Wurzeln noch tiefer und verankern dich an Ort und Stelle. Spüre, wie stark sie sind und wie fest sie dich halten.
5. Atme weiter tief ein und stelle dir ein Geflecht aus Wurzeln vor, das in der Mitte deiner Brust entspringt. Wie kleine Lichtfäden bewegen sich die Wurzeln in alle Richtungen. Die Fäden reisen durch Zeit und Raum in das Reich der Geister. Dort verbinden sie dich mit deinen Ahnen.
6. Beim Einatmen saugst du aus jedem einzelnen der Fäden Energie, die deine Brust mit Wärme füllt.
7. Konzentriere dich weiter auf die Wurzeln unter deinen Füßen und diejenigen, die dich mit deinen Vorfahren verbinden.
8. Du kannst dich in jede Richtung bewegen, spürst aber immer die Verbindungen. So bleibst du ausgeglichen und fokussiert.

TECHNIK

Familienkreis

Diese Visualisierung kannst du jederzeit ausführen. Mit ihr fühlst du dich von deinen Ahnen beschützt. Sie hilft dir, dich zu behaupten und auszudrücken, vor allem dann, wenn du deinen Standpunkt vertreten und eine Aussage treffen musst.

1. Achte zunächst auf deine Atmung. Beruhige deinen Geist und befreie ihn von negativen Gedanken, indem du dich auf deine Atmung konzentrierst.
2. Stelle dir jeden Atemzug wie einen feurigen Fluss vor, der durch deinen Körper wandert und dich mit Kraft und Stärke erfüllt. Wenn du den Atem loslässt, strömt er flammend aus deinem Mund und transportiert dabei deine negativen Gefühle aus deinem Körper.
3. Male dir nun aus, dass du an deinem Standort von deinen liebsten Ahnenführern umgeben bist. Sie versammeln sich um dich herum in einem engen Kreis.
4. Du brauchst die Gesichter deiner Ahnen nicht zu sehen. Sie sind einfach nur verhüllte Gestalten, die ihr inneres Licht verströmen und nur dein Bestes wollen.
5. Mit jedem Atemzug kommen andere Vorfahren hinzu. Sie bilden weitere Kreise, die sich nach außen hin ausbreiten.
6. Schon bald bist du von zahlreichen spirituellen Wesen umgeben. Sie bieten dir ihren Schutz. Aber es gibt auch Lücken in ihren Reihen. Du hast deshalb genügend Platz zum Atmen und kannst dich frei bewegen und sagen, was du fühlst.
7. Während du atmest, bewegt sich der Kreis mit. Er hält dich und versorgt dich mit einem Energiefluss, der dir Selbstvertrauen schenkt.
8. Nimm zum Schluss einen Atemzug aus den Wurzeln der Erde und spüre, wie dich die feurigen Flammen von innen erleuchten.
9. Atme aus und lasse alle Spannung aus deinem Körper fließen.
10. Wenn du fertig bist, gestatte deinen Vorfahren, sich einer nach dem anderen wieder zu entfernen, wohl wissend, dass du sie jederzeit wieder zu dir rufen kannst, wenn du ihren Schutz brauchst.

TECHNIK

Kraft-Umhang

Mit dieser Technik – einer Kombination aus Atmung und Visualisierung – fühlst du dich den ganzen Tag lang stark und beschützt. Führe die Übung am Morgen durch, um dich gleich nach dem Aufstehen mit deinen Ahnenführern zu verbinden.

1. Stelle dich vor einen Spiegel und überprüfe deine Haltung. Nimm einen tiefen Atemzug durch den ganzen Körper. Strecke dabei deine Wirbelsäule und rolle die Schultern zurück. Hebe dein Kinn leicht an und sieh dir selbst in die Augen.
2. Beim Ausatmen entspannst du dich und lächelst.
3. Sage: „Mögen die Kraft und die Stärke meiner Ahnen mir Lebensfreude und Energie schenken!"
4. Atme einige Minuten gleichmäßig weiter. Konzentriere dich darauf, durch den ganzen Körper einzuatmen, um positive Energie zu gewinnen.
5. Wenn du so weit bist, schließe die Augen und sieh vor dir, wie du bei deinen Vorfahren stehst. Spüre, wie dich die Wärme ihrer Energie wie eine weiche Decke umhüllt.
6. Fühle bei jedem Ausatmen, wie dich das Glühen mit Kraft erfüllt. Stelle es dir vor wie einen goldenen Mantel aus Licht, der dich von Kopf bis Fuß wie ein Kokon umgibt. Er schützt dich vor negativer Energie und schirmt Gedanken, Körper und Geist ab, damit du in deiner Mitte bleibst.
7. Öffne die Augen. Stelle dich gerade hin und prüfe noch einmal deine Haltung und deinen Gesichtsausdruck. Haben sie sich verändert?
8. Atme tief ein und aus und entspanne dich.
9. Sage: „Der Umhang meiner Vorfahren schützt und behütet mich jederzeit."

TECHNIK

Von Angesicht zu Angesicht

Diese kurze Visualisierung verschafft dir sofort Schutz, wenn du verletzlich bist und einfach einen kleinen Energieschub brauchst.

1. Denke an einen deiner Ahnen. Wähle jemanden, über den du etwas weißt, damit du dich rasch mit der Person verbinden kannst. Vielleicht erinnerst du dich daran, wie sie aussieht, oder du hast ein Foto, mit dem es dir leichtfällt, sie dir vorzustellen. Denke auch daran, dass es ein verstorbenes Familienmitglied sein kann, mit dem du Zeit verbracht hast und das du gut kennst, wie ein Großelternteil.
2. Stelle dir das Gesicht deines Ahnen vor und wie er vor dir steht. Was er wohl zu dir sagen würde? Mit welchen Worten würde er dich ermutigen? Höre ihm in Gedanken zu oder, wenn es dir lieber ist, betrachte nur sein Gesicht.
3. Nun male dir aus, wie dein Ahne sich dir nähert, deine Hand hält oder dich umarmt.
4. Atme die Energie und Stärke ein, die dir dein Vorfahre sendet.

Ahnen-Mantras und Affirmationen

Mantras und Affirmationen setzen die Macht der Sprache und des Tons ein, um deine Fähigkeiten und Emotionen freizusetzen. Sie ändern dein Denken und helfen dir dabei, dich mit deinen Ahnenführern zu verbinden, indem du deine Gedanken und deine Energie fokussierst. Sie sind ein praktisches magisches Werkzeug, mit dem du täglich arbeiten kannst.

Mantras

Mantras bestehen aus Wörtern, melodischen Sätzen oder Tönen, die du zu einer Meditation hinzufügen kannst. Wofür du dich entscheidest, hängt davon ab, was du erreichen willst. Wenn du zum Beispiel eine lindernde Energie für eine Heilung brauchst, wähle das Wort „Ruhe". Wenn du optimistischer sein willst, kommen Wörter wie „Freude", „Licht" und „Liebe" infrage.

PROBIER'S AUS!

Spirituelle Verbindungen stärken

Wiederhole dieses einfache Mantra jeden Morgen und Abend und unterstütze so deine Arbeit mit deinen Ahnen.

1. Setze dich bequem hin – wenn möglich im Schneidersitz –, entspanne deinen Körper und schließe die Augen. Für einen guten Energiefluss legst du am besten deine Hände mit den Handflächen nach oben in den Schoß.
2. Atme tief ein. Wenn du ausatmest, lasse dein Kinn nach unten fallen und sage: „Ahhhhh." Hole den Laut weit unten aus dem Bauch. Der Ton ist tief und schwingt in dir mit. Dein Brustkorb sollte dabei leicht vibrieren.
3. Halte den Ton so lange wie möglich, bis er von selbst ausklingt.
4. Wiederhole das „Ahhhhh" mit jedem Atemzug und spüre, wie dein Körper vor Kraft vibriert.
5. Konzentriere dich darauf, die Energie kontinuierlich aufzubauen, und stelle dir vor, wie du mit jedem Atemzug noch mehr strahlst, sodass deine Begleiter in der Geisterwelt dich sehen und hören. Führe diesen Teil der Übung fünf Minuten lang aus.
6. Am Ende der Sitzung solltest du dich leichter, fröhlicher und optimistischer fühlen.

Affirmationen

Affirmationen sind Aussagen im Präsens, die ein Gefühl Realität werden lassen. Du könntest zum Beispiel sagen: „Heute werde ich fröhlich sein." Dann aber erreichst du den von dir angestrebten Zustand erst in der Zukunft, mit einem gewissen zeitlichen Abstand. Sagst du aber: „Heute bin ich fröhlich", verortest du deinen Wunsch in der Gegenwart und lässt ihn so wahr werden.

Affirmationen kannst du für alles formulieren, auch dafür, wie du dich fühlen oder was du in deinem Leben sichtbar machen willst. Entscheidend ist, dass du dein Ziel beschreibst und die Aussage dann so oft wie möglich wiederholst.

Eine Affirmation wirkt, indem sie dein Denken und Fühlen neu programmiert. In der Geisterwelt kommt Gleiches zu Gleichem. Wenn du also deine Affirmation wiederholst und fest an sie glaubst, erzeugst du die positive Energie, die sie wahr werden lässt.

Tipps für deine Affirmation

- Sieh, während du deine Affirmation äußerst, in den Spiegel und halte Augenkontakt mit dir selbst. Das ist anfangs schwierig. Aber hast du dich erst einmal daran gewöhnt, wirst du feststellen, dass es die Macht und das Ergebnis deiner Affirmation erhöht.
- Atme tief ein und stelle dir vor, dass du deine Affirmation in den Raum projizierst. Traue dich ruhig. Affirmationen wecken deine innere Kraft, weil sie es dir ermöglichen, dich frei zu äußern.
- Versieh jedes Wort deiner Affirmation mit so viel Energie wie möglich und denke dabei fest an das Gefühl, um das es geht.
- Wiederhole die Affirmation jeweils mindestens drei Mal. So kann dein Gehirn gut folgen und du stehst beim dritten oder vierten Anlauf hinter jedem Wort.
- Stelle dir beim Aufsagen der Affirmation vor, was geschehen soll. Wenn du die Kraft deiner Vorfahren in dir spüren willst, male dir aus, wie es sich anfühlen wird. Erzeuge ein Bild davon in deinem Kopf. Indem du Visualisierung und Affirmation verbindest, sorgst du für einen extra Schub und sendest eine mächtige Nachricht an das Universum.
- Genieße den Vorgang. Affirmationen machen Spaß. Und wenn du dir angewöhnst, sie regelmäßig zu wiederholen, funktionieren sie umso besser.

Tagebuch-Übung

Denke über die Übungen in diesem Kapitel nach, die du durchgeführt hast. Was hast du über Ahnenmagie und wie du mit ihr arbeiten kannst gelernt? Denke an die Zauber und Rituale, die dir am besten gefallen haben. Warum haben sie so gut funktioniert? Haben sie auf bestimmte Fähigkeiten zugegriffen, die für dich und deine Familie einzigartig sind? Überlege nun, welcher Zauber dir schwergefallen ist. Warum war das so? Kannst du daran arbeiten? Hattest du zum Beispiel damit ein Problem, die Zaubersprüche laut aufzusagen, und wolltest sie lieber flüstern oder schreiben?

Sieh dir deine Notizen nochmals an und markiere deine Erfolge. Glaube an dich und an die Kraft in dir. Schreibe eine Liste all der Wege, über die du Magie in die Welt bringst, ob in dem, was du für andere tust, in deinem Job oder innerhalb deiner direkten Familie. Finde neue Wege, wie du deine Umgebung positiv beeinflussen kannst, ob durch Zauber und Rituale, die Arbeit mit deinen Ahnen oder indem du etwas für Familie und Freunde tust.

Fazit

Mit der Ahnenmagie findest du zu dir selbst. Sie schenkt dir Selbstvertrauen. Du blühst auf und sagst, was du willst. Du bist mit den Verstorbenen verbunden und in der Vergangenheit verwurzelt, fest verankert durch die Werte und Stärken deiner Familie. All dies gibt dir ein natürliches Gefühl der Sicherheit. Du bist nicht allein. Diese Gewissheit schenkt dir Kraft, eine Identität und ein spirituelles Zuhause.

Die besonderen Familienbande sind ein Sicherheitsnetz, das dich hält, während du durch die Welt gehst, dich jedoch nicht einengt. Du kannst dich frei in jede Richtung entwickeln. Stehen Veränderungen an, lassen dir die Verbindungen Bewegungsfreiheit. Nie verlierst du den Halt, denn du weißt, wer du bist, woher du kommst und dass deine Ahnenführer über dich wachen. Sie sind dein spirituelles Netzwerk, auf das du immer zugreifen kannst, wenn du Stärke, Begleitung oder einfach ein wenig zauberhafte Unterstützung brauchst. Deine Ahnen haben schon für dich Vorarbeit geleistet, denn sie hatten ähnliche Herausforderungen wie du. Sie haben geliebt, gelebt und verloren. Auch wenn sie dein heutiges Leben nicht kennen, verfügen sie dennoch über wertvolles Wissen.

Eure gemeinsamen Begabungen und Talente vereinen euch und sind eure familiäre Superkraft; dank ihnen findest du dich zurecht und erkennst deinen Lebenszweck. Auch das Ahnen-Karma hilft dir weiter, denn hast du deine vererbten Verhaltensmuster erst erkannt, bist du auch in der Lage, sie zu ändern und dein Karma zu heilen. Und da sind noch deine Familiengeschichten und was sie über deine Ahnen verraten. Vielleicht entstammst du einer langen Linie von Träumern und Geschichtenerzählern, die vor allem die Wunder der Welt um sich herum sahen. Oder dein Vorfahre war eine echte Stimmungskanone. Die Storys, die man dir erzählt hat, haben deine Sicht auf die Welt um dich herum beeinflusst. Umgekehrt kannst du nun die Geschichten anders erzählen und positiv verändern.

Deine Ahnen kennenzulernen, ist ein bereicherndes Erlebnis. Du wirst überrascht sein, was du alles erfährst. Selbst wenn du kein ausgesprochener Familienhistoriker bist: Einfach nur Geschichten auszutauschen und die Verbindung zur Vergangenheit zu spüren, wendet dein Leben zum Positiven hin. Die Rituale und in diesem Buch vorgestellten Übungen sind der Ausgangspunkt einer unendlichen Reise. Magie gibt es in jeder Familie, Schätze, die über Generationen weitergegeben wurden, Lektionen, die dir inneren Frieden schenken und deiner persönlichen Energie einen Schub verleihen. Deine Ahnen geben dir Kraft. Sie sind dein Clan, dein Stamm, die Menschen, die dich geformt haben, und der Anfang von allem. Deshalb nutze die Ahnenmagie. Viel Spaß dabei!

„Ich habe Wurzeln in der Vergangenheit, lebe im Hier und Jetzt und bin bereit für die Zukunft.“

Weitere Quellen

Deine Reise in die Ahnenmagie soll weitergehen? Steige mit dem folgenden Material noch tiefer in die heilsame Verbindung mit der Vergangenheit ein und erfahre mehr über die Praktiken von Ureinwohnern, Schamanismus oder den Weg durch die Geisterwelt auf der Suche nach dem wahren Sinn des Lebens.

Die Bücher und Websites helfen dir, deine Familiengeschichte auf praktische Weise näher zu erforschen, unter anderem durch die Nachverfolgung deiner Herkunft oder die Erstellung eines Stammbaums.

Bücher

Foor, Daniel, *Ancestral Medicine: Rituals for Personal and Family Healing,* Bear & Company, 2017

Gomes, Melissa, *Akashic Records: A Spiritual Journey to Accessing the Center of Your Universal Soul, Master Your Life Purpose, and Raise Your Vibrations,* independently published, 2021

Vaudoise, Mallorie, *Honoring Your Ancestors: A Guide to Ancestral Veneration,* Llewellyn Publications, 2019

Weatherup, Katie, *Practical Shamanism: A Guide for Walking in Both Worlds,* Hands Over Heart, 2006

Wigington, Patti, *Badass Ancestors: Finding Your Power with Ancestral Guides,* Llewellyn Publications, 2020

Chater, Kathy, *How to Trace Your Family Tree: Discover and Record Your Personal Roots and Heritage,* Lorenz Books, 2013

Pursley, Katiana, *Genealogy Organizer Book 6 Generations: Family History Book You Fill In,* independently published, 2022

Websites

www.ancestry.co.uk (UK)
www.ancestry.com (US)
www.findmypast.co.uk (UK)
www.findmypast.com (US)
www.ongenealogy.com (US)
www.familysearch.org

REGISTER